5K&10K席卷而来！
如果马拉松与你相去甚远，
不妨爱上这项别具魅力的比赛！

Graeme Hilditch
[英] 格雷姆·希尔迪奇 著
高宏 译

5公里到10公里从起点到终点

5K & 10K From Start To Finish

机械工业出版社
CHINA MACHINE PRESS

图书在版编目（CIP）数据

5公里到10公里：从起点到终点 /（英）格雷姆·希尔迪奇（Graeme Hilditch）著；高宏译. — 北京：机械工业出版社，2016.9

ISBN 978-7-111-54791-4

Ⅰ.①5… Ⅱ.①格… ②高… Ⅲ.①长跑－运动训练 Ⅳ.①G822.32

中国版本图书馆 CIP 数据核字（2016）第214375号

机械工业出版社（北京市百万庄大街22号 邮政编码100037）

策划编辑：赵 屹 责任编辑：赵 屹 於 薇

责任印制：李 洋 责任校对：赵 蕊

北京中科印刷有限公司印刷

2016年11月第1版·第1次印刷

145mm×210mm·8.5印张·156千字

标准书号：ISBN 978-7-111-54791-4

定价：42.00元

凡购本书，如有缺页、倒页、脱页，由本社发行部调换

电话服务	网络服务
服务咨询热线：（010）88361066	机工官网：www.cmpbook.com
读者购书热线：（010）68326294	机工官博：weibo.com/cmp1952
（010）88379203	教育服务网：www.cmpedu.com
封面无防伪标均为盗版	金书网：www.golden-book.com

MANNI
Together we will beat cancer
I race for life for
My Stunning

前言

跑步是人类最原始、最自然的运动形式之一，它给我们的健康带来的好处难以计数。每年都有上千名不敢妄尊自己为运动员的普通人参加休闲跑，其原因不言自明。无论是在家旁边的公园里牵着狗慢跑，还是在大街上咚咚咚地绕城跑，跑步已日益受人欢迎，成为一种保持健康、结交新朋友，以及更好地控制腰际线的最愉快、最省钱的方式之一。

随着人们对跑步的热情持续高涨，每年各类机构组织的5公里跑和10公里跑活动的数量也不断增加。诸如“为生命奔跑”（Race for Life）这种由群众参与的慈善活动已经吸引了数十万来自各行各业的人，为慈善事业筹集了宝贵资金。同时，这些活动还能通过跑步为健康带来的难以计数的益处来帮助人们控制自己的血压及其他压力。

无论是否存在信用恐慌，黯淡的经济气候的唯一用处似乎就是激励人们穿上跑鞋，去参加一场在英国上下如火如荼的5公里或10公里跑；或者干脆去健身房迎接一场有趣的挑战——在跑步机上跑完同样的距离。

仅在英国，每年就有一百多万人接受挑战，参加5公里或10公里跑的比赛。每人的参赛原因都不尽相同，无论是为了打破令人捉摸不定的5公里跑的30分钟壁垒还是10公里跑的60分钟里程碑，这些富有挑战的目标实现起来都是令人痴迷的。不过，并非人人都要迫使自己挑战体力极限。尽管在这些赛事中，跑步带来的挑战可能是最令人享受的一件事，但其他人可能会认为走上5公里或10公里更适于自己的年龄、体型和健康水平——那何乐而不为呢?

我不想在本书一开头便打出已被人喊烂的口号，但我不得不说：最重要的是参加这些赛事！只要你享受这种体验，你便永远不会在自己感觉尚未准备好时让自己在压力之下上阵。

无论等待你的是慢走、快走、慢跑还是参与5公里或10公里跑步赛事，本书都能为你的训练的方方面面提供专门帮助——从该穿什么鞋子到如何在跑步前与跑步后进行正确拉伸，再到吃什么以及如何不需要花上百英镑给物理治疗诊所，而是自己处理那些令人头疼的伤情。

尽管你进行训练的目的可能并非是为了参加知名的比赛，但你在训练中还是会犯数十种本可轻松避免的错误：这些错误会导致你受伤、身体不适，并最终使你参加心仪赛事的机会化为乌有。为5公里和10公里跑赛事进行训练的重要性往往会被很多人忽视，他们觉得自己无须或只需稍加准备便可上阵，但14年来作为私人教练的经验告诉我：那些最终受伤或者比这还糟糕的，往往是由于赛前或赛中营养不良而导致比赛过程中病倒的这些人。

本书将教你如何将跑步训练与生活中的其他方面——无论是周五晚上打桥牌还是周六和老友边喝啤酒边观看球赛——有机地融合在一起。你不仅会发现训练原来是件有趣的事情，还会发现你无须因为要找时间跑上几公里而放弃生活——你甚至还可以偶尔喝上一杯灰皮诺（Pinot Grigio)或享用一顿丰盛的咖喱。更令你意想不到的是——你在训练中燃烧掉的热量可能会使你的臀形更优美，被丢弃在衣柜深处的牛仔裤又可以拿出来穿啦。

祝你训练顺利，无论你的愿望是什么，都请尽情享受吧！

目录

CANCER RESEARCH UK
12553
TESCO

Bupa
8976
RUN
EDINBURGH
Bupa
7996
RUN
B
EDINBURGH
Bupa
4931
RUN
C
EDINBURGH

1 第一要事

在你走上大街、进入体育馆或公园开始初次跑步训练之前，有一两件事情要先梳理一下。

首先，现在你几乎已决定全身心地投入一场比赛了——不要慌，更不要撤退。在训练的最初阶段，前方的路看起来似乎永无尽头，你也从没想过自己能跑那么长的距离，的确会望而生畏。

无论你是刚刚拥有参赛资格、尚不能确定自己是否有充足的训练时间，还是依然在怀疑自己在体力上是否能接受挑战，都不要担心，因为焦虑的不是只有你一个人。在开始迈出训练第一步之前有点心怀忧惧实在是再正常不过了，甚至可以说是件好事——尤其是初跑5公里或10公里之前。

全身心地投入

让自己投入到比赛中，以及让自己在意志薄弱时咬牙挺住的最好办法就是打电话给你所有的朋友和家人，告诉他们你准备参加比赛，请他们掏赞助费。这不仅可以让他们掸去久已不用的支票本上的灰尘，还能让你无路可退——就算是为了面子，你也得参赛！

期望值

为赛跑进行训练或做准备是一种很了不起的经历，从为赶上公交车而气喘吁吁地跑，到能跑完5公里或10公里全程，这个过程所带给你的比你想象的还要丰厚。

接下来几周的训练将会使你真正集中注意力，甚至会让你特别期盼。如果你是个刚刚踏进跑步世界的新手，那在接下来的几个月内，你会期盼每周三至四次地把自己弄得大汗淋漓。这个念头听起来可能有点疯狂，但如果你看看一年之内有多少人跑5公里和10公里，你就会信服了。这些人不可能都疯了！

你可能要花几个星期才能适应这个新日程，在此期间你无法再跷着二郎腿、端着一杯红酒观看《东区人》，你得出门去跑步，这是不可逃避的。不过，我可以保证你会超级享受为期10～12周的训练，到时你会心痒难忍，急不可耐地报名参加下一场5公里或10公里的比赛。

不过，咱们先不要太陶醉……

训练前的准备清单

无论你的运动能力如何，在你开始准备让身体承受跑步（或快走）的要求之前，不妨先坐下来，过一遍下面的清单，然后再迈开第一步。

即使你在过去几个月内一直都在断断续续地锻炼，感觉自己现在可以轻松胜任5公里或10公里跑——哪怕穿拖鞋都行，但在你开始本书第五章所介绍的任一训练日程之前，也还是要考虑几件事情。

很多跑者一开始就开足马力地一头扎进训练，这种情况十分常见，他们没有再多考虑一两件小事情，而正是这一两件小事情可以让他们在训练中远离那些令人烦恼的伤情，使训练更安全，最重要的是——更有趣。

你需要在开始跑步之前问问自己下面这些问题：

- 你的心脏最近是否做过检查？你是否需要进行体检？
- 你的跑步目标是什么？
- 你是单人跑还是和朋友一起跑？
- 你是否有关节问题？如果有，是否会在训练中引起不适？
- 你能花多少时间在训练上？

你能上路吗？先来个心脏MOT

无论你是个自以为是的年轻人还是位75岁的老爷爷，如果你对自己的心脏、肺部或四肢能否应对参赛训练的挑战有一丝一毫的怀疑，那就最好先咨询自己的家庭医生，做一个MOT，检查一下自己是否适合训练。如果你已有好几年没有参与任何形式的高强度锻炼——例如慢跑，或者你的体重稍稍超出了自己的理想体重，那你可以咨询一下自己的医生，谈上十分钟，这会让你和医生都对你的心血管健康有更深入的了解，并且知晓是否会有什么潜在问题会在训练中加重。尽管这种情况很罕见，但最好能万无一失。

坏男孩

我并不想把某些人进行归类（事实上我马上就要这么干了），但在我担任个人教练的生涯中，我发现男人最不愿意承认自己能从训练前的体检中受益。我已记不清有多少次当我建议潜在男性客户看家庭医生时，他们总是对此大笑置之，还会

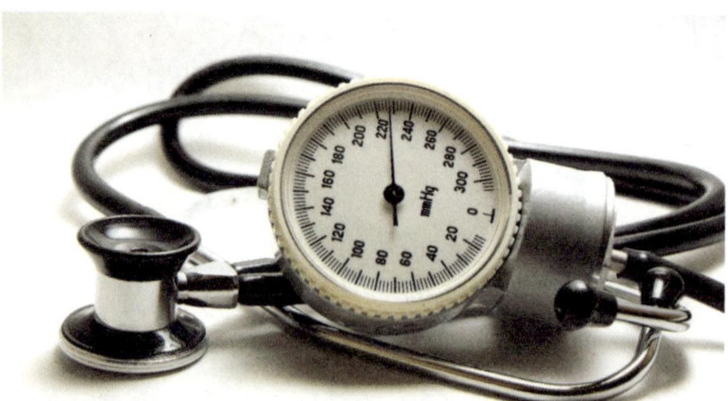

说“噢，我很好。我血压没事”或“我还很健康，我上大学时打过橄榄球”。

这些自夸之说多半会以血压读数超过160/100（正常值为120/80）、胆固醇远远超标而告终。我便只能咬紧牙关，防止那句“我说什么来着”脱口而出。

如果这些你听着很熟悉，但对预约家庭医生仍感到有些没必要，那何不利用这个机会预约一次“Wellman”检查？这类综合性体检由你的家庭医生来做，在诊所内进行，给你一个彻底的检查，让你知道不仅是你的心脏和肺，还有“一切”器官都在按正常秩序工作，以让你放宽心。

期望值

除非你有心血管病病史，或者近期动过手术，否则你的家庭医生是不太会给你做任何侵入式检查的，他不过会问问你期望中的训练日程是什么样的，最复杂的情况也就是检查一下以下这三个方面：

- 身体质量指数（根据你的体重和身高进行计算，对你的身体组成进行分类，从而确定你是体重过低还是超重）
- 血压
- 心率

虽然很多人感觉在开始训练前与家庭医生预约见面有些过于谨慎，但如果你之前被诊断为患有心脏疾病或正在服药，这样做就绝对有必要了。

尽管那些白色小药丸看上去可能毫无害处，但某些药物——如β受体阻滞剂——会对心跳快慢产生直接影响，所以从你的家庭医生那里获取一些关于如何为赛事进行训练的建议至关重要。他们很可能会让你解除警报，但会建议你在训练时戴一个心率监视器（参见第四章），这样你就能知道自己在训练期间心脏的工作强度了。

只要你的家庭医生对你的心血管系统状况感到满意，并就其他你可能有的健康状况——如哮喘、关节炎，甚至怀孕——给出个性化建议，你就没有任何理由搁置你的训练计划了。

真的有必要吗?

虽然让你的医生给你做个全面体检听起来似乎有些夸张，但每年都有一些之前未被发现的疾病在训练准备阶段被诊断出来，这也挽救了无数的生命。

这一切听起来可能触目惊心，你现在可能在想自己准备干

英国血压协会（The Blood Pressure Association）发布，在英国，每三个成年人中就有一位患有高血压，然而这些人中的三分之一对此全然不知，因为高血压没有明显症状。如果你在开始训练前只需进行一项检查，那一定是针对你的血压。

专家建议

的究竟是件什么事，不过放心，无论哪种形式的体育锻炼——从走路到跑步——都极度安全；而且从长远来看，这些锻炼都是抵御心脏病、减压和提升整体健康的最佳方式。刚开始慢跑的新手的确要警惕某些健康问题，这很重要；但只要你的家庭医生为你做了检查（以防有任何潜在疾病），你就可以放心大胆地开始训练了，无须害怕初次跑步会给你带来的任何负面影响。

年龄不过是个数字

如果你将自己定位为成熟跑者，并且正准备参加一场赛事，以使自己保持体型、充满活力，那你绝对不是一个人——5公里跑和10公里跑在中老年跑者中十分流行。这不是没有原因的。无论你是五六十岁还是行将跨入七十岁的门槛，只要你事

根据积极老龄化国家联盟（The National Coalition for Active Aging）发布的数据，55 岁以上的人群中有 81% 的男性和 87% 的女性的活动量没有达到建议水平。这足以刺激那些还在摇摆不定的入门者，让他们报名参加附近的 5 公里跑或 10 公里跑。有规律的训练不仅能给你一个奋斗目标，还能帮你抵御晚年易患的无数疾病。

专家建议

先和家庭医生约好体检，并遵循本书第六章的训练计划中所列出的全部指南，那便没有任何事情能阻止你参加比赛。

多年以来，运动给人的身体带来的益处已广为人知。越来越多的科学证据显示，有效且规律的活动能极大地促进我们的精神健康。英国的首席医疗官认为，规律的有氧运动——例如快走和慢跑——有助于增强中老年人的认知能力，特别是专注力和解决问题这类对我们的注意力要求比较高的能力。

所以，如果你已经错过了二十岁、三十岁和四十岁的黄金时期，而参加赛跑的念头还依然令你心动不已，那就不要犹豫，赶紧投身进去吧！你可能不会第一个冲过终点线（让你没想到的是，可能你也不是最后一个），但是跑5公里和10公里实在是太有趣，也许你会禁不住诱惑，想再来一次呢！

你的跑步目标是什么？

现在你装备齐全、准备得当，正要跨出家门迈开第一步。等等！你最好能先想想自己在即将到来的5公里跑和10公里跑中的目标是什么，这对你将如何应对接下来几周的训练将产生重大影响。

如果你和很多有抱负的跑者一样——有个全职工作，要照顾家庭，几乎连刷牙的时间都抽不出来，更别提为训练跑上几公里了——那你最好在每周能留出多少时间来训练上现实一点。

在训练的最初阶段，你可能觉得抽时间参加训练跑并非难事——你正热情高涨，工作和家庭都可以先放一放，但当落下的工作和未实现的承诺追上你时，训练的规律性就不可避免地降低。5公里跑突破30分钟或10公里跑突破60分钟这一目标会慢慢消失，并最终变成遥远的梦想。你会突然意识到自己有点儿贪多嚼不烂。

如果你是竞技型的，想以最快速度完成全程——无论是跑步还是快走，我都会建议你开始时的跑步目标略微保守些，这样你就不会失望，也不会给自己过多压力。这样一来，如果你实现了修订目标（更现实一些的），就会很满意；如果你能努力靠近最初目标，那就更满意了。

给紧张的新手的一点建议

如果你已经报名参加人生中的第一场赛跑，希望将自己身体调整到能完整跑完全程即可，那就开开心心地好好享受狂欢气氛，这样你训练的重点就是放轻松，不要给自己任何压力。

很多以在规定时间内跑完全程或战胜朋友为训练目的人会以牺牲跑步的快乐来换取时间。这样一来便少了很多乐趣——跑步本该是一件能给人带来愉悦的事，也是保持体型的好方法。

无论是走路、慢跑还是快跑，但如果你毫不在意完成用时，那么训练的重心就应该是每周坚持规律运动、逐渐增加训练距离，而无须关注自己究竟跑多快。为快乐而跑，就像领先跑鞋品牌Brooks的宣传口号所说的："就要跑得开心！"（"Just Run Happy!"）

好吧，挂好MP3播放器，听点儿时髦的音乐，开始享受吧！记住，你完成的每一次走路/跑步训练都会燃烧热量、增进健康，最重要的是——会调整你的心肺功能，使其能承受你已经报名参加的5公里跑或10公里跑的艰辛。

找一个训练伙伴

和两三好友一道训练是维持动力的妙方。如果你喜欢团体活动，那么即将到来的为期几周的训练将会趣味无穷——特别是刮大风的时候，因为此时独自一人面对长跑实在是太没意思了。

5公里跑和10公里跑与马拉松不同，前两者的魅力在于：对于大多数人来说，不管身体多么虚弱，这个距离都是可以完成的，因此，劝朋友来一道参加比赛根本就不是难事。因此，你总能找到两三个和你想法相同的同事或朋友与你一道训练——然

“我发现和一群朋友一道报名参加比赛可以使训练更有趣，还可以让我一直坚持下去。”

“刚一开始训练的时候，一定要在平地上——无论多矮的小山坡，在一开始的时候，都会看上去跟座大山似的！”

——卡罗琳·弗格森（Caroline Ferguson）

和丽迪亚·伊登（Lydia Eden）

后在比赛那天与你分享经验。

你们能一起分享的有很多：训练的重负、偶尔的肌肉痛，当然还有找个借口摆脱伴侣，与好友共度私密夜晚，端着红酒讨论“比赛策略”——多么令人精神振奋啊！这将成为你每周社交日历的一部分。所以，如果你现在心里想到任何能被劝动与你一道参加比赛的朋友，就赶紧给他们打个电话，让他们买这本书，他们如果不同意，你可千万不能答应！

带旧伤训练

未来，跑者面对的最头疼的问题之一便是，如果膝部/臀部/踝部/背部有旧伤，该如何开始训练。他们担心一旦开始执行训练安排，旧伤便会加重。

早年在大学时代参加体育运动时留下的旧创，或者说不清道不明的膝盖痛，时有时无，也查不到明显的原因，这往往会让人在训练还未正式开始前便打起退堂鼓，或是令那些不顾一切想在比赛中奔跑的人最终无奈地走完全程。

如果你也是这样一个满怀希望的参赛选手：每次准备出门跑步——哪怕很短的距离，都会受到关节痛的困扰，那你现在就必须得决定一下该怎么对待这个问题。

简言之，你有三个选择：

1. 和你的家庭医生谈一下这个问题，他/她可能会推荐你去看理疗师。

2. 向骨科专家、理疗师或其他口碑较好的从业者寻求专业帮助。

3. 带着走路的心态参加比赛，但按照第七章列出的方法来锻炼，这些方法可以对付常见的关节痛。

别灰心

造成关节痛的原因五花八门，不过幸运的是，减缓疼痛、摆脱不适的方法也同样不少——比如拉伸和加强锻炼，还有按摩。不要太灰心丧气，你参加心仪赛事的希望并未完全落空。

时间之沙

如果你运气足够好——顺利通过了医生的体检，各项指标都没问题，比赛目标明确，不受任何关节问题困扰，还“厚颜无耻”地成功哄骗了一两名好友一道跑步——那下一个巨大挑战就是能否抽出时间专注地训练。

对于那些不习惯定期运动的人，在已经忙乱不堪的生活中加入慢跑似乎比登天还难。不过，如果朋友和家人能给你一点帮助，你再对自己的每周安排进行小型重组，你就会惊奇地发现：其实，你有时间——只不过要去寻找罢了。

当然，每个阅读此书的人对工作和家庭的职业与个人投入都不同，不过如果记下以下这些方法，你应该能在日程安排中发现一两个空当来进行恰当的训练。这并非总那么容易，但还是有可能的。

说很容易找时间训练无异于在撒弥天大谎。在这个令人迷惑的世界中，我们恨不得一周能有八天时间。不过，如果能把一些事情安排妥当，再对某些人展开魅力攻势，就总有办法找到时间来训练。

如何抽时间训练

● 如果你有孩子，并幸运地住得离你的父母很近，那就抓住这个机会，在周六或周日下午让孩子们“与祖父母加深感情”。这样你就能见缝插针地参加一次训练跑，可能训练结束后还能轻松、安静地享用一杯咖啡——独自一人或与你的训练伙伴一起。

● 如果你和朋友一起训练，何不跟你的伴侣打出“我们是为慈善而跑”的牌，让他们 / 她们每周带一两个小时的孩子，而你则挤时间来参加训练跑——当然，还有跑后咖啡。

● 你还可以每周有一次把闹钟调快 45 分钟，进行一次晨跑，这是完成一期训练的完美方法。尽管在拂晓时掀开被子是件痛苦的事，但晨跑令人精力充沛，你一整天都会感觉特别棒。

● 由于没有淋浴设备，所以趁工作日的午休时间慢跑并不总是那么容易，不过如果你能在午休时挤半小时——每周一次即可，那这可就是跑上几公里的绝佳时机。哪怕是顺着小山坡快走，也好过没有，而且这些都会积累起来的。

● 还可以问问老板你能否早上提前一小时来上班，这样下午就可以提前一小时下班去跑步（你参加的是 5 公里 /10 公里慈善跑），他们多半难以拒绝这个请求。

2 人靠衣装

如果你曾经参加或目睹过一场大型的5公里或10公里比赛，那么有一件事你肯定印象深刻：选手在比赛期间穿着各种各样、令人眼花缭乱的跑步服装。从一波又一波的粉色牛仔帽到女人（也有男人）颜色鲜艳的运动装（上半身除了这个外，什么都没穿），如果你听说过各种赛事的着装规定其实都特别宽松，几乎是穿什么都可以，那你就肯定不会吃惊。只要你不打破公共礼仪习惯，你穿得多么异想天开都行，没什么能阻止你。

为何最好穿运动文胸

对于那些身材极好的女性来说，带肩带的文胸是十分必要的。这方面善意的玩笑曾非常多，尤其在谈到跑步的时候。但无论你的胸部尺寸有多大，穿一件优质、合身的运动文胸都相当重要，这一点不可被忽视。著名运动文胸品牌 Shock Absorber 发布的一项调查表明，68% 的女性在运动时不穿运动文胸。这个数据令人震惊，而为了维护乳腺组织的长期健康，我们必须要重视这个数据。

Shock Absorber 委托朴次茅斯大学（the University of Portsmouth）与乳房健康首席专家乔安娜·斯科尔（Joanna Scurr）联合进行了这项研究。他们发现，跑步的时候，乳房会以一种连续的“8”字形运动，由于反复运动，会造成摩擦或擦伤。此外，长期重复这一运动会逐渐导致对乳腺组织起最终支撑作用的库柏韧带的拉长。这一韧带一旦被拉长就很难再缩回去，导致乳房下垂，且无法恢复。

运动文胸的设计理念是在运动期间大幅减少乳房运动，有助于保护乳房免受疼痛及韧带拉长。所以女士们，为了乳房的长期健康，投资一件高级运动文胸是非常有必要的。这件文胸可能价格不菲，但一定物有所值。

不管你有什么期待，但一般不建议训练时穿怪异的跑步服装。比赛那天，如果你身着无承托胸衣、软塌塌的平角裤或不合身的上衣慢跑90分钟的话，你的皮肤和其他部位可能还能够适应，但如果你穿这些进行十多周的训练，那不仅在慢跑时会感觉不适，长此以往还会对你的身体造成伤害，特别是女性。

翻箱倒柜

如果你已经几年没有运动了，那当你为此次训练做准备时，就很可能会翻箱倒柜地找衣服——旧田径裤、印有滚石乐队标志的洗白了的T恤和磨破了的球鞋。

这些可能陪伴你度过了中学和大学的运动时光，但现在，在你开始运动之前，该去商店买一些优质慢跑服装和跑鞋，把自己装扮起来。你不需花高价，但训练从始至终都应该穿着适宜的运动装备，这可以免除各种烦恼——从擦伤到膝盖痛。再者，穿着优质、好看的运动服装出去慢跑本身就有一种特殊意味——让自己感觉很强大。穿一身阿玛尼西装可以让你感觉自己特别重要，有掌控感，而穿一身漂亮的运动服装去跑步也一样，会让你特别享受这个过程。你可能不会因此跑得更快，但起码会看上去很酷、心情很好。

在所有你需要购买的装备中，最重要（也最昂贵）的便是一双高级跑鞋。你那双旧球鞋刚穿起来可能很舒服，但在路上行走或慢跑45分钟后，你可能就根本不知道舒服是什么滋味了。

基本装备

跑鞋

随便问一个跑步专家，他们都会告诉你找到一双合适的跑鞋对于帮助你进行比赛准备、避免受伤至关重要——当然，也有跑者会忙不迭地否认。

近年来，越来越多的跑者认为赤脚跑步是发展方向，也是预防受伤的最佳办法。但这一现象值得警惕。支撑赤脚跑步的益处和优势的理论来自：从进化论角度讲，人类生来并不适合穿跑鞋，而适合光脚跑步。除非你对让双脚栉风沐雨地跑上5公里或10公里情有独钟，觉得踩上碎玻璃、生锈的钉子或尖利的石子只会增添比赛的乐趣，否则我建议你还是乖乖地（理智地）选一双结实的跑鞋——它可以减缓步幅冲击，防止异物嵌入，保护双脚安全。

什么样的鞋适合你？

不管你是上网选购还是到商业大街逛一逛，你可以选择的跑鞋都多得惊人，光是品牌、形状、颜色、尺寸和价格就有几十种，这立刻让仅仅选择一双跑鞋这件事变得和即将到来的训练一样令人生畏。不过，如果你想让自己在整个训练过程中最大限度地远离关节困扰和肌肉疼痛，那有一条最基本的建议你必须遵循：即使你期待光脚参加比赛，给自己买一双能专门吸收坚硬地面冲击力的好跑鞋也能保护你的关节，使你更加享受训练过程。

你对跑鞋的选择与开始训练后臀部与膝盖的疼痛之间的关

按照专家和足病医生协会（the Society of Chiropodists and Podiatrists）的看法，当你跑步时，体重所带来的压力会增加三倍以上，每当你的双脚撞击地面，你的双脚和下肢就要承受这个压力的撞击。中等身高的男性每跑 1 公里就要处理大约 112 吨的重量。

看了这个你可能会感觉自己在训练结束后一定是一瘸一拐的了，别担心，你的身体承受这个撞击的能力也极其强大。不过，为了让训练更轻松，最好是买一双高级跑步专用鞋，这能确保当你在坚硬路面上跑步时脚部能得到很好的保护，不受压力撞击，从而减少向上延伸到你的腿部和下背部的冲击力。

专家建议

系似乎听起来有些牵强，不过现在大多数研究跑步创伤的专家都认为，大部分跑步创伤在最初都是可以预防的，而前提就是选择一双适合自己步态的跑鞋。

我的步态是什么样的？

简言之，你的步态就是你跑步的方式；从根本上说，就是当你的双脚撞击地面时它们如何反应，以及当你迈步向前跑时它们如何推动你。

我们跑步时为何双脚的着地方式会不同？这有几十种解释，从薄弱的核心稳定性（脚最里面的那层肌肉）到来自父母的遗传。不过，为了防止受伤，必须要了解自己是哪一种步态，然后购买适宜的跑鞋来予以弥补。

评估一下

你要做的第一件事，是在家附近找一家好的运动用品商店，让专家来评估一下你的步态。快速评估后，他们就能就你需要何种类型的跑鞋给出建议。评估方式不一而足，比如：

- 在跑步机上跑步时被抓拍；
- 专家在旁边观察你跑步的样子；
- 从生物力学角度对你的双脚进行评估；
- 在压力垫上跑步，压力垫能就哪种跑鞋最适合你给出反馈。

评估步态没有“最佳”方法，也不要太在意某些“专家”的说法。只要让步态专家对你进行分析，他们就能给出合理建议，指导你该购买何种跑鞋。

如果出现一些极其罕见的情况：小腿生物力学发生异常，如肌肉过紧、两条腿长度不一样或扁平足（足底），那建议你向足部专家进一步寻求专业性指导，他可能会让你在跑鞋里放置矫形专用鞋垫。

无论是在跑步机上跑步时被抓拍，还是让生物力学专家仔细查看你香喷喷的脚丫，这些专业人士都应该得出相同的结论，并能告诉你你属于下面这些类别中的哪一种：

- 中正/无内旋：你步幅完美，完全值得骄傲。你令大多数跑者羡慕，你不太可能受伤痛困扰，因为这一步态给下肢肌肉带来的压力最少。
- 内旋：你的双脚在跑步时向内旋转过度，你需要能提供支撑、对抗过度内旋的跑鞋。
- 内旋不足：你是跑者中最罕见的，你更多是用脚外侧来跑步，建议购买特殊跑鞋来应对这个问题。

根据步态评估结果，专业人士会向你推荐可供选择的跑鞋。你要做的就是精心挑选穿着最舒适，并且售价在你预算之内的鞋。可能选择太多，你有些无所适从。这些年来我给客户在选择跑鞋方面的建议很简单：不仅要舒服，还得是专业跑鞋制造品牌，如布鲁克斯（Brooks）、美津浓（Mizuno）、新百伦（New Balance）或索康尼（Saucony）。如果接下来的几个月内你打算坚持跑步，那就得明白，你脚上穿的鞋得是口碑不错的公司的产品，这样才不至于只穿几个星期就烂掉了。

内旋？你不是一个人

据估测，大约70%的跑者有内旋情况——有些人是轻微内旋，有些人是过度内旋——不过好的一面是，正因如此，市场上可供选择的跑鞋品种也特别多。

从鼎鼎大名的Brooks Adrenaline，到耐克的低调的Lunar Glide，有几十种跑鞋可以选择——你要做的就是发现适合自己的那双。

跑步服：高科技还是大众化？

如果你和成千上万的跑步新手一样，就快参加比赛了，才打开衣橱，结果发现自己目前所拥有的跑步装备几乎都是“奇装异服”，那可能你要抓紧投资一些新装备了。

跑步和其他所有的休闲运动方式一样，很容易诱惑你去买一些大品牌的东西，这些商家竭尽全力地劝说你买他们最新款的专业上衣、裤子和袜子，等等。不过，最终来看，最重要的考虑应该是衣服是否合身，以及是否适合你准备训练的季节。

上衣和背心

绝大部分的5公里和10公里比赛都是在春、夏、秋三季举办，因此如果你只要买一件高科技跑步装备的话，我会建议你给自己找一件不错的跑步T恤或背心。

现在的市场营销人员对跑步产品极尽夸张之能事，说得仿佛如果你不穿他们的上衣，就会融化在自己身体里。不过，这些运动上衣在使你跑步时保持身体凉爽方面的确效果神奇。

例如，有一家知名制造商曾生产过一系列的运动上衣，衣料里面隐蔽地嵌入了金属纤维，可以将热量从皮肤传导到衣料外层，令你在炎热的天气里保持干爽，并能更好地调节你的体温。当然，这类上衣价值不菲，不过如果你准备在热天跑步的话，买一两件这种上衣还是很管用的。

无论你跑步时喜欢穿高科技运动上衣还是松松垮垮的T恤衫，你需要考虑的最重要的事情是是否合身。所有的上衣都是批量生产的，按某种体型裁剪，所以在决定购买之前先要确定这件衣服合身与否，以及腋窝下是否感觉过紧。

虽然一些高科技运动上衣剪裁合身，其设计理念便是贴身

“我们发现为保柏（Bupa）10公里跑一起进行训练特别有利于保持动力。在忙碌的工作和社交生活中抽时间来进行跑步训练并非总那么容易，不过与他人联合起来真的让训练特别有趣——除了偶尔的争吵之外！”

——希林（Shirin）和马克·帕劳斯卡（Mark Pawlowska）

穿着且没有摩擦风险，但贴身棉质上衣特别容易造成腋窝严重擦伤，如果是长跑的话，会非常疼痛。

最让人不快且悲伤的事情莫过于在大雨如注的日子里，你的日程表却显示你还得出去长跑。其实下雨天跑步并没有你想象得那么悲惨。湿了也就湿了，过一会儿你其实就会忘记。投资一件防雨跑步外套是很值得的，它能使你身体保持干爽，但这件外套一定要轻量，而且合身。

运动短裤与长裤

和上衣一样，选择下装的关键也是看其是否合身以及是否会擦伤身体。

市场上的短裤种类五花八门，有五分裤、九分裤；跑步长裤的选择也很多，不过最终还是要看你的个人喜好。如果你倾向于高科技跑步长裤，就要注意它们是否贴合身体曲线，这样穿上去会更舒适，而且会减少摩擦风险。不过，这种裤子的缺陷在于穿起来会让你有些不自信。很多跑者穿这种令臀部曲线毕露的涤纶和弹力纤维裤都会感觉很窘迫，所以这真的取决于你——选一件穿起来感觉舒适的吧。不过，对舒适这个词的理解也不能太字面，你总不能穿牛仔短裤跑步。一定要选择一条专门为运动设计的长裤或短裤，它能让你的双腿呼吸自如，不会在训练跑的中途因过度摩擦而让你感觉不适。

内裤

裤子或短裤里面穿什么也是很个人的事情，不过，大多数跑者都喜欢穿压缩短裤或“骑行”短裤。不过，尽量别穿紧身棉内裤，私密部位出汗时，紧身棉内裤能立刻产生摩擦。如果你想享受训练和比赛过程的话，就最好避免这种情况发生。

配件

你的跑鞋、上衣和长裤都已经出场了，另外还有一些小东西，它们常常被人忽视，但作用其实同等重要。

袜子

跑步袜对防止脚上起水泡至关重要——水泡可是最困扰跑者的病痛之一。虽然在有些情况下水泡是很难避免的，特别是刚穿新跑鞋时，但一双优质运动袜对于减少对足部幼嫩皮肤摩擦的效果还是非常明显的。运动袜一般为双层，用一种特殊材料制作，这种材料专门针对足部设计，可以排湿，并防止摩擦和水泡的形成。

在后面你会读到，预防永远胜过治疗，对于水泡来说尤其如此。只要皮肤恶化，水泡开始形成，跑步就只能让它变得更糟糕，之后还要花几天时间皮肤才能重新结痂。可能让你花10英镑（约人民币100元）买双袜子很困难，但这个投资绝对

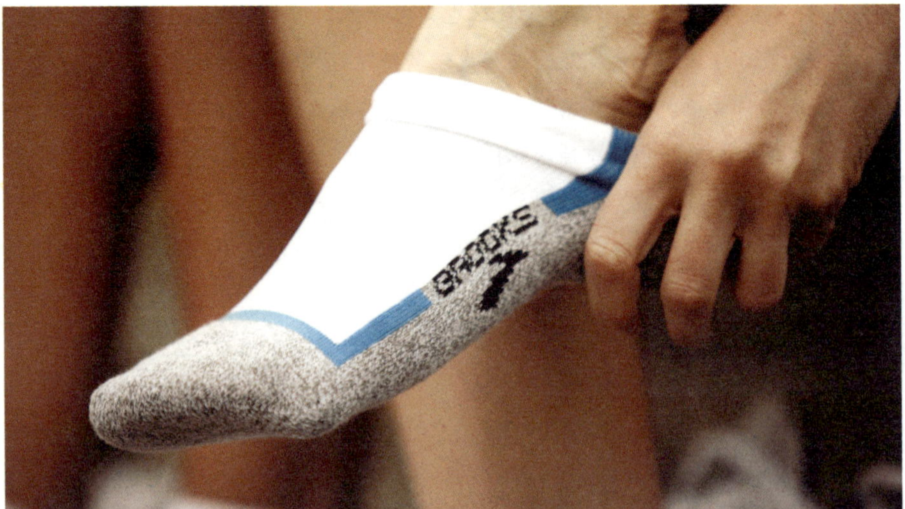

超值。任何一名跑者都会告诉你，水泡是他们运动生涯里的克星，即使很容易避免。

帽子和手套

如果你的训练是在冬季，那么一副手套和一顶帽子会帮助你抵御风寒，尤其是当你碰到极寒天气的时候。

帽子并非总是不可或缺，特别是如果你有一头浓密的头发。不过，帽子可以在特别寒冷的日子里让你感觉温暖，这的确有确凿的生理学原因。新生儿拍照时戴帽子并不仅仅是为了看上去可爱，而是因为帽子能帮他们保存住50%的身体热量——热量主要从头部散发。虽然我们能够更好地调节自己的体温，但如果你感觉特别冷，戴一顶能遮住耳朵的轻便帽子就能使你的训练过程舒服得多，同时也能让你感觉温暖很多。

对于你的双手和手指来说，手套这个配件特别受欢迎。当你锻炼时，血液从那些不运动的区域中分流出来，被导入你腿上处于运动中的肌肉里，因此你的双手会受到冬天寒冷空气的严重袭击。

当然，该选择何种手套实在是因人而异，不过对于那些不带上触屏iPod就没法出门训练的人来说，现在有了福音，一些制造商设计出了一种指尖带有专门软垫的手套，这意味着你无须摘掉手套就可以操作那些按键。

音乐

在外面跑步时想找个地方放你的iPod或Mp3可能有点费神，

特别是如果你的跑步服装上没有任何口袋的话。幸运的是，在大多数的优秀运动用品商店里都能买到一种表面透明的腕带，可以把iPod放在里面。这不仅能让你享受到不用在口袋里摸索便能快进歌曲的奢侈体验，还能防止跑步时iPod在口袋里跳动，那的确让人心烦。

票夹

虽然很多跑者会用袜子来装他们的救急现金，但在七月份午休时大汗淋漓地跑上半小时后，纸币估计也被重新蹂躏成了纸浆，没法使用了。如果你买的是运动短裤或长裤，那多半会

在某处发现一个小拉链袋（通常是在侧面内里），打开后就是一个小口袋，你可以用来装几张纸币或几枚硬币。

水杯

专用跑步水杯在暖和的天气跑步时超级有用，你可以轻松地拿在手上，它是一个了不起的必备配件。里面的水可能过半小时后就不会太热了，不过热天时能偶尔大口地喝点水或果汁也不错。

案例分析

姓名： 艾米莉·哈金森（Emily Hutchinson）

年龄： 31

职业： 营销顾问

跑龄： 7 年

虽然我可能是第一个承认我的跑步训练多少有些不规律的人，但从我开始有规律地跑步起，我感觉棒多了。

我参加的第一次真正赛事是 2004 年的伦敦马拉松（我肯定是疯了）。虽然那几个月我在恶劣的天气下训练得特别辛苦，但我从未退缩过——我总是穿上跑鞋，出去做减压慢跑。

如果说我从我的马拉松训练中学到了一件事，那便是意识到在不同的条件下穿合适的衣服是多么重要。现在无论我跑多远，从 5 公里到 10 公里（我还没有勇气再来一次马拉松），都要查看一下外面的天气，这样就知道该加多少层衣服，或减多少层。

没什么比穿错衣服更糟糕的了。刚开始跑的日子的确很艰辛，但更糟糕的是我浑身湿透、冻得发抖——就因为没有按正确的运动装备武装自己。不仅仅是衣服出了问题，就在马拉松开始前几星期，我决定换双跑鞋，以防止训练中脚上起的水泡在比赛那天加重。大错特错！虽然我把鞋垫换了，但事实证明，新跑鞋还是太小，到第 26 英里[⊖]时，我感觉大部分脚趾的指甲都磨没了！

一旦认识到了优质的跑步装备的确会事半功倍（尽管我是个愤世嫉俗的人），我便发现自己可以跑得更远、更有耐力、时间更长。现在我经常去运动用品专业商店调整我的跑鞋，让它们更合脚，更适合我跑步的步态，也能更好地照顾我的脚趾头。

⊖ 1英里=1609.344米。

3 注意跑步的节奏

与大众的认识相反，跑步过程中使用心率监测仪既不复杂也不昂贵。除了教练和运动服之外，心率监测仪是跑步过程中最重要的物件。它能帮助你保持训练得法，并确保你没有超出自己的极限。

并不是只有私人教练才相信在训练中监测心率相当重要。一位名叫 Fotini Rozakeas 的英国心脏基金会的护士说："通过监测心率，你可以借此确保自己从强度适中的有氧运动（比如快走、骑行、慢跑）中获益。这种运动量能有效地预防心血管疾病，还有助于保护心脏。"

专家建议

我做过几年的私人教练，一直坚信，于每个人而言，出于对安全和观察健身效果的考虑，知道心脏对于锻炼的反应都是很重要的。通过知晓自己的心脏在每次步行、慢跑和跑步训练中的反应，你可以对自己的心血管系统是否负担过重（或者仍有余力）心中有数，并得到实时反馈，由此你便能知道应在何时放慢速度，甚至停步。

常常有这样一个误解，认为只有更认真的跑者才需要心率监测仪，以及你需要变卖房产才能买上一台。哪怕你只是参加步行或慢跑5公里，一台费用只是运动鞋一半的心率监测仪也会很快让你受益多多，还会免除你关于训练强度是否正好的后顾之忧。

心率监测：基础知识

毫无疑问，心脏是身体中最重要的器官，它每分每秒都在工作，处于一个费力不讨好的"职位"。心脏的工作包括：

- 通过60 000英里的血管运输血液。
- 每天大约跳动100 000次，即每年大约跳动35万亿次。
- 每天将14 000升血液运往全身。

这些每天进行的生理活动自然在你的控制之中，但是当你外出训练的时候，如果你用监测仪关注心率，你就能更好地控制心脏的负荷程度。

有个大问题是，你应该如何增加心脏的负荷以提高健身强度呢？还有，安全起见，怎样才算是合适的程度呢？

心脏的极限

静息心率通常介于每分钟60～80次，可能因健康水平（静息心率越高表明越不健康）和基因的差异而有很大的不同，但大部分人都在这个区间内。准确测量静息心率的最佳时间是清晨，那时你很放松，而让心率提高的肾上腺素还不会分泌。

人们的最大心率（即“HR max”）也是不一样的，取决于很多因素，其中最关键的是年龄。同样地，人与人之间的差异也比较大，但作为一个粗略的参考的话，每分钟的最多心跳数约等于220（男性）或226（女性）减去年龄。

举例

如果你是一位40岁的女性，那么你的最大心率可能是：

226−40=186

如果你是一位40岁的男性，那么你的最大心率可能是：

220−40=180

从这些数字中你便能知道自己在跑步训练中应处于何种强度。然后，在训练过程中，你要让自己的心率保持在最大心率达到一定比率（用一个术语来表达就是“心率区”）。

最大心率（粗略推算）

年龄	男性	女性
20	200	206
30	190	196
40	180	186
50	170	176
60	160	166
70	150	156

你的训练区是什么?

好了，现在你已经计算出了自己的最大心率，接下来要做的是计算自己的训练区（听起来可能很难，但实际上非常容易）。简单来说，在训练中你需要进行特定强度的跑步以达到必要的训练量，从而完成自己的比赛目标。当你用心率监测仪辅助训练的时候，这些强度以最大心率百分比的形式表现出来，通常是最大心率的70%～90%。

假设你是一位40岁的女性，最大心率是186，现在我们来计

最大心率计算公式

关于如何找出真正的最大心率争议颇多。有些专家对上述“220或226减去年龄”计算方法的准确性持怀疑态度。领先的运动生理学家杰克·威尔莫和大卫·科斯蒂尔在他们的专著中介绍了自己关于心率训练的研究，其中提及，40岁的人中有95%的最大心率处于156～192bpm[⊖]。

因此，尽量使用公式作为指导，如果你觉得自己的实际心率更低的话，也可以灵活调整。

算跑步训练中你的心率应当是多少。

温和区：60%～70%

如果你刚开始锻炼，已经好几年没怎么做过体力活动了，还比自己理想中重一些（也可能不是），那么在温和区锻炼一两周是个不错的主意，以借此让你的心脏习惯于锻炼。

你当然可以在任何觉得自己准备好了的时候将速度提高一个台阶，但如果你是零基础的话，我建议在刚开始的两三周每次开始训练时，都将慢跑和跑步的强度控制在你的“温和区”内。

温和心率区是最大心率的60%～70%。计算：

$$186\times(60\%\sim70\%)=111\sim130\text{bpm}$$

⊖ bpm为Beat per Minute的缩写，本书中是指每分钟的心跳数。

这表示你应当将心率控制在111～130bpm的范围内。对于有些人来说，这种强度可能太小了，但如果你对接下去几周的训练并无把握且有些紧张的话，从这个区间开始是很理想的。

慢跑区：70%～75%

对于很多跑者来说，训练中的大多数强度都会控制在慢跑区内。在这个区间内，你的状态是还能游刃有余地与别人交谈，并且感觉到“舒服”，而非太快或无法持续。计算：

186×（70%～75%）=130～139bpm

当心率处于130～139bpm时，你的身体承受着恰好的训练强度。随着时间的推移，你的心脏会更强壮、更有效率。

跑步区：75%～85%

我们下面进入到训练的困难部分。如果你尚未习惯的话，这个跑步强度就很难长时间坚持。所以，若你是初跑者或者发现自己的心率攀升到甚至超过了75%，就一定要小心。

在常规训练中此区间带来的巨大健身效果足以与其困难程度功过相抵。你可能会发现自己大汗淋漓、累得要死，但这些都是值得的。计算：

186×（75%～85%）=139～158bpm

最开始以85%最大心率的强度跑步可能会感觉不舒服，但是过段时间就会习惯的，还会发现自己的跑步能力有了质的提升。

加强跑步区：85%~95%

除非你经过了几个月严格的跑步或训练，否则最好还是避免在这么高的心率下训练。直接从久坐不动的生活状态（心率基本不超过每秒90下）变至90%最大心率的状态会对心脏产生巨大压力，甚至会有危险。

这种跑步强度只适用于短距离冲刺，最好在特殊的训练方法——“间歇训练”（在下一章会有详尽介绍）下进行。

一周以此强度锻炼一两次会带来巨大的健身效果，但同时你也要付出受伤概率提高和腿部肌肉不适的代价。如果你在比赛日并没有特别目标要达成，也不是受虐狂，那我建议忽略这个强度，好好以慢跑区的强度享受你的训练。计算：

$$186\times(85\%\sim95\%)=158\sim176\text{bpm}$$

注意事项

如果你近期正在服用任何治疗高血压或冠心病的药物，而且想要在训练中使用心率监测仪的话，请务必咨询你的医生。这些处方药是β受体阻滞剂，可防止心跳过速。如果你服用这些药物，那上述心率区间便不适用。你最好问问医生什么心率限制是适合你的身体状况的。

核心问题：应选择何种监测仪？

是否要用心率监测仪辅助训练的决定权在于你。有些跑者热爱心率监测仪，简直离不开它；而有些人则觉得用监测仪是浪费时间，只想无拘无束地享受跑步的过程，而不是没过几分钟就要检查一下心率。

多数心率监测仪都由两部分组成——接收器和胸部传输器。传输器紧贴胸部，靠近胸骨处，向戴在手腕上的接收器传输无线信号。

这些年来监测仪有了飞跃性的改进，虽然在胸部四周带上松紧带听起来很不舒服，可一旦开始跑你就会忘记它的存在。市面上有很多心率监测仪，有些是多功能的，不仅能测量心率，还能测量跑步距离和速度。丰富的种类适合有不同需求和预算的人。

然而，你要是还在因为花费而对是否购买游移不定，那就做所有21世纪的购物者都做的事好了：搜索一下“心率监测仪”，看看自己能找到些什么。

你能买到的监测仪种类实在繁杂，所以只要根据自己的需求、预算和对功能强大（尽管通常不必要）物品的抵御能力购买即可。

有些监测仪（比如Garmin）还配备有高科技GPS（如果你想知道自己跑了多远的话是很有用的）以及电脑连接和测速功能。但对于大部分跑者来说，只需要一些最基本的功能就够了，而大多数入门级监测仪都具备这些功能。

行业内领先的心率监测仪制造商Polar生产各种入门级的监测仪，其产品既好用又实惠，并且具备所有你在训练中需要的功能，包括：

- 测量即时心率
- 测量平均心率
- 秒表功能
- 计算最大心率百分比
- 计算已消耗的热量

大多数监测仪都有这些功能。但你也可以买很便宜的，只能测量即时心率的那种。不过，哪怕是具有上述附加功能中的几个都会很有帮助。

平均心率

在一个训练项目后知道自己的平均心率有助于标注进度，还能给你关于健康水平和进步程度的清晰反馈。一段时间之后，你每周三次的跑步训练就会逐渐强化心脏肌肉，也会更有效率地将血液运送至关键肌肉处。

“跑步的时候不戴心率监测仪对我来说就像没穿衣服一样。我买了顶级的Polar监测仪，还带有GPS定位功能。建议所有跑者都买一台，哪怕是最基础的那款。”

——迈克尔·洛克（Michael Lock）

这些增加的力量和效率使得跑步训练比你想象中容易得多，你的心率监测仪也证明了这些：跟几周前比，你的心脏也轻松多了。

比如，如果你最开始的训练计划中包含了温和的两公里慢跑，那你未经锻炼的心脏很有可能跳得跟快板似的，平均心率可能高达150，即最高心率的80%。

而在短短两周的训练之后，你的心脏将习惯增加了的活动量，再进行相同训练时便会十分轻松（你的平均心率很有可能回落到140，即最高心率的75%）。这种状态才是合适的，你也不至于精疲力竭。

通过记录平均心率，你会惊喜地发现，在持续训练之后它有所回落，当你回顾几个月前慢跑很短距离都能让心脏那么劳累的情形时，只会觉得难以置信。

秒表

心率监测仪上安装集成秒表不仅能省去另外佩戴一个计时设备的麻烦，还能便于你知晓自己的跑步距离。这对于那些有志于在特定时间内完成5公里或10公里的跑者而言尤为重要，因为你能很方便地看到自己跑每公里的速度，并同时确保自己处于合适的心率区。

最大心率百分比

有些跑步训练建议将心率保持在特定区间内（比如说最大

心率的70%～75%），而有些监测仪有显示最大心率百分比（而不是确切心率）的功能。这对于像我这样在长跑中总是忘记自己的心率应是多少的人来说特别有用，因为你只需检查自己是否处于最大心率的70%～75%即可。最大心率百分比并不是必需的，但有些跑者觉得是个十分有用的功能。

保持训练日记

在训练日记中记录每次跑步训练的信息可以很好地跟踪自己的进步和保持心率信息日志。每次跑步训练时，记得记录关键细节点，以备日后查看。典型的记录方式如下：

路线：绕公园三圈

时间：34 分钟

平均心率：156

天气状况：很温暖，大概 23℃

已燃烧热量：340

备注：感觉很好，但最后 500 米我加速了，觉得筋疲力尽。公园景色优美，下次还来这里跑！

跑后立即随手记录下的这些，当你看到自己每周的训练消耗了这么多热量、你的跑步训练变得多么容易的时候，便会感到动力满满、回报多多。

“始终为自己设定一个目标，比如10公里跑或者Race for Life活动，它可以为训练增添很多意义。循序渐进地训练，不要拒绝步行，要是太早就勉强自己的话，便很容易产生拖延的念头。”

——卡萝尔·布鲁尔（Carol Brewer）和她女儿劳拉·布鲁尔（Laura Brewer）

热量

虽然每次跑步训练时燃烧的热量与身体状况并不完全相关，但看到自己的热量消耗在跑步过程或训练周中不断累加也是很享受的。有些跑者会借由他们的“已燃烧热量”数值在训练周结束时用一杯灰皮诺葡萄酒来好好犒劳自己（站在专业的立场上我建议用纯净水代替）。为什么不能偶尔“沉沦”一下呢？生命是用来享受的！

注意变量

毫无疑问，在训练准备时使用心率监测仪能带来很多好处，但前提是你要遵循说明书，并且不要超出自己的极限。

然而，当我们从高度不可预测和多变的身体分析心血管的反馈时，我们不能忽略少数变量的存在，它们对心率有巨大影响，如果你无视它们，它们就可能会出来捣乱，让你误以为自己的心脏出了什么问题。

心率高的原因

刺激物	原因	预计心率增加
咖啡	使身体产生多余的肾上腺素（会对心脏产生刺激，增加心率）	因个人对咖啡因反应的不同而有很大不同；通常增加5下静息心率
热度	炎热的环境会将血液推送至皮肤表面来冷却身体，这一过程会使心跳加速	取决于有多热，静息心率和运动心率都能增加10下
压力	和咖啡因一样，压力会刺激肾上腺分泌更多肾上腺素，它是心脏的刺激物	取决于压力大小，通常增加5~10下。如果你一直压力很大，请向医生寻求帮助
激动 / 预期	在比赛或者艰苦的跑步训练前，关于训练的预期会再次刺激肾上腺分泌多余的肾上腺素	有很大不同。预计至少增加5~10下，不过我也看到过有人只是站着为艰苦训练做心理准备的时候就增加了50下
正值感冒/病毒感染中	病毒感染会提高静息心率，哪怕你没有任何症状	静息心率预计增加5~10下

（续）

刺激物	原因	预计心率增加
跑步过程中的微微上坡	在跑步过程中，哪怕是一个很轻微、几乎注意不到的坡度都会增加心率，如果你不确定，可以往身后看，看看你是不是在上坡（就算坡度很小）	山坡很容易就能使心率比通常训练心率多5~10下
无明显理由	如果你发现自己的心率毫无缘由地变高，请尽快咨询医生	当静息心率增加了10下以上时，一旦你觉得不舒服就尽快去看医生

跟大部分其他器官、腺体和细胞一样，心脏十分容易对一系列营养性、情绪性和环境性的刺激产生反应，从而引起静息心率和训练心率的巨大波动。

要是不知道小小一杯咖啡也会增加静息和训练心率的话，你可能会觉得是哪里出了问题，并开始担忧。知道了这些以后就放宽心吧，上表列举了几个最常见的原因，休息和训练时都适用，它们解释了为何你的心率会比所谓的“通常情况”要偏高那么一些。

案例分析

姓名：西蒙·维特勒

年龄：33

职业：客户关系部经理

跑步经验：10 年

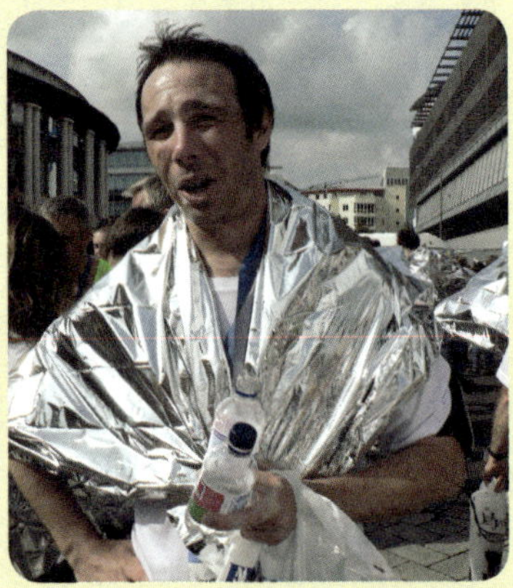

当我刚开始跑步的时候，我不知道该如何控制自己的速度。这可能是作为一个男性想要竞争的本能。但过了这些年之后，我发现仍旧很难知道应用什么速度去跑，不管是在训练中还是在比赛中。

在这里，我不得不提到心率监测仪，它对我来说是无价之宝。我听取了一位私人教练的建议，使用心率数值来衡量速度，防止仅在 10 分钟后就跑得太快或精疲力竭。我现在知道了，如果我的心率超过特定水平（哪怕仅仅是几分钟），我都会在后面的跑步中付出相应的代价。

心率监测仪并非只是对温和的那些训练有用，对于难度更大的跑步训练来说也是很有用的。我被一位私人教练介绍去参加“心率游戏”，在那个活动中，你要保持快速跑，直到心率达到某个特定水平（我是 175），然后放慢速度，直到心率降至更低水平（我是 140），接着再加速。这个活动让跑步变得更有乐趣，虽然很辛苦，但我依然借此提高了我的跑步健康程度。

我对所有刚开始的跑者（那些跑了很多年的人也一样）的建议是去买一台心率监测仪，并在每次跑步训练时使用它。我现在已经离不开它了，如果我没有使用它的话，就还是会跑太快（尽管比以前有所进步），使得本应是温和愉快的慢跑变成筋疲力尽、了无乐趣的锻炼。

4 为训练做准备

对于那些刚刚踏入跑步世界的新手来说，每天一成不变的下班回家，把两条腿往电视前一搭的日程，被连续10～12周、每周最多进行四次的训练跑所替代，这实在令人心生畏惧。即便是对那些立意在心仪赛事上跑出个人最好成绩的竞技型跑者而言，开始一个训练项目也是挺困难的。

无论你对参加5公里跑或10公里跑有什么热切期望，是不到60分钟跑完10公里还是完整地跑完全程，那长长的一直进行到比赛开始的训练周期最终将决定你比赛那天感受如何，可能也会帮助你决定是否要在一段时间以后再来参赛。

理想的情况是，你一旦报名参赛，就应该开始训练准备，这能使你有足足三个月时间来调整心脏、双腿和肺部机能，以便能承受半小时到一个半小时，甚至更长时间的比赛挑战。

本章讲述对待训练的最佳方式，并就如何在训练中取得最大成效以及——最重要的是——如何享受训练，给出一些建议。

跑步：使你的身、心和灵魂焕发生机

不管你想快跑还是慢跑，跑步的治愈效果都是令你意想不到的，而且是逃离日常生活的紧张和压力的最佳办法。

林中小径、运河边的纤道，甚至城市街道都可以给你提供短暂的栖息，让你远离日常生活中常见的各种焦虑和情感烦恼，还能让你有机会到户外清醒一下头脑、身体和灵魂。你可能现在觉得12周的训练特别乏味、疲劳，但经过几期训练后，你就会逐渐意识到这种训练会给你带来极大的成就感。不知不觉中，你就会迫不及待地想上路去抖落郁结于胸的情感包袱。

很多发现有效的训练具有强大减压功能的跑者往往把自己

著名心理健康慈善机构"大脑"（Mind）明确给出了5公里跑和10公里跑训练的积极效应。该机构的首席执行官保罗·法尔默(Paul Farmer)阐述道："锻炼有益身体健康，这已众所周知，不过人们可能想不到它对心理健康也有巨大帮助。从短期来看，锻炼有助于改善睡眠、减少紧张和压力感，给你带来更多能量。从长期来看，适量的训练计划——如为5公里跑进行的轻度训练，有助于让你的自我感觉更加良好；实现跑步目标则会提升你的自尊和自信——而这一切都会让你拥有健康的心理。"

专家建议

的训练时间称为"我时间"。他们发现，每周只需三次短暂的训练就可保持头脑清醒、心情舒畅，并能接受生活抛给他们的一切——无论是老板、孩子还是强势的另一半。

在撰写本书过程中，每当我迫切需要灵感时就到户外去跑步，很大一部分篇章就是这样写成的。这毫不奇怪。跑步给了你思考的时间，即便是一次短暂的慢跑也能帮助你理清思路，给你一个全新的、更积极的人生观。多么神奇！

初跑

所有跑步训练中的最难点之一一般是你的第一次训练，无论从身体角度还是从心理角度来看，均如此。

无论你是在初跑前夜还是正准备出门前几分钟读到这段内容，你都要知道，很多初出茅庐的跑者发现自己在面对初跑时就像一个重度拖延症患者。勇敢地迈开第一步可能要花上很长时间。

虽然有些跑者对马上开始训练计划跃跃欲试、充满热情，但也有些跑者对于接下来12周左右的规律训练能给他们带来什么持审慎态度，这段时间也很折磨人。

近几年来我跟初跑者打交道时都谈及了我自己体验过的一些焦虑的感受：

- 该如何跑？
- 该如何呼吸？
- 训练是否会不适？
- 是否需要拉伸？如需要，该如何拉伸？
- 锻炼前该吃什么？

所有这些担忧在本章和本书的其余章节中都会谈到，因此如果你在上面几个问题中的任意一个前打了勾，那么请放心，本书会解除你这方面的烦恼，缓解训练给你带来的焦虑。

你是哪种类型的跑者？

初跑者

如果你是一名初跑者或者新手，那你的重点将是跑完全程，而不是第一个冲过终点线。在训练前几周，你的心态应该是从每次训练中获得最大的享受。

你心中可能没有一个具体的时间目标，甚至连最终走完全程你也无所谓，但为了更好地协助训练，你最好能给自己设定一个比赛当天或者整个训练期间的某种类似目标的东西。

给自己定一两个目标去实现——不管在一些更认真的跑者看来它们多么卑微、多么渺小——对于让你保持动力、专心训练都至关重要，当你冲过终点线时，你会产生极大的满足感和成就感。

下面是我早先一些客户的训练和比赛目标，仅供参考：

- 每周训练不少于三次（生病除外）。
- 为你选择的慈善项目筹款500英镑。
- 每周至少燃烧掉1000千卡热量（5公里跑训练）或2000千卡热量（10公里跑训练）。
- 跑完全程，不走一步。

“我喜欢用健身房训练来补充跑步训练，更方便，而且还能认识朋友。你还可以用设定好的目标来监控自己的配速和运动表现。”

——大卫·杜尔斯顿（David Durston）

不管你给自己设定什么目标，它们都能促使你在狂风大作或暴雨倾盆、需要强大动力才能让自己上路的日子里穿上跑鞋。

经验十足、雄心勃勃

对于那些已经跑过几次5公里跑和10公里跑，跑完全程不是问题，但跑第几名却是个问题的跑者来说，从训练第一天开始就要调整好心态。这非常重要。训练的第一天和第一周会对后面的训练起决定性作用，因此一定要用现实的期望值来对待它们。

即便你的健康可能已达到了一个较高水平，感觉接下来几周的训练不过是“走个过场”而已，也要注意不要对于训练过程中选择合适训练类型的重要性方面过于洋洋得意。一些有实力的老将也会落入下面两种陷阱，这种情况并不在少数：

1. 认为很容易超过自己上一次的个人最好成绩，因此训练不足。

2. 训练过度，为了实现不现实的目标而用力过猛，最后以受伤和缺失几周的训练而告终。

尽管我已跑步多年，算是名资深跑者，但也曾至少一次掉入过这两个陷阱，最明显的一次是我奋力打破传说中的10公里35分钟障碍的时候——这次经历也高度提醒我们注意这个危险：即便是最富有经验的跑者，也可能会在训练实践中迷失方向。（至于那个记录，我依然无法以不到35分钟跑完10公里。）

现实一点：定一个可以实现的目标

虽然你接下来几周的训练和最后比赛的最终目标是在某个时间以内跑完，但这个目标一定要现实，要实现得了。参加一场号称可以让你疾驰的比赛很可能会调动你的求胜心，让你感觉自己可以轻松地将个人最好成绩提前三分钟。

三分钟可能听起来不算什么，但如果你了解这意味着5公里

跑时每跑1公里就必须加快35秒、10公里跑时每跑1公里必须加快18秒，那就明白这个目标真的没那么容易实现了。

无论如何，你可以胸怀大志，奋力实现一个具有挑战性的目标，不过在整个训练过程中都要记录每公里的跑步速度。如果训练进行到一半时你仍感觉完成每公里要加快35秒太吃力，那就干脆调整目标，使它更现实。

要牢记一点：跑步是为了快乐和成就感，而不是为了受折磨，更不是为了让自己失望。

技术

对于那些已经跑步多年的人来说，跑步的动作、步幅可能都感觉很自然、很本能；但很多人可能是平生第一次参加比赛，对他们而言，提出“究竟该怎么跑？”这个问题是完全可以理解的。

该如何摆臂，如何呼吸，眼睛该朝哪里看……这些问题都会让人困惑不已，并在训练头几周里占据跑者的大脑。如果你担心自己看起来像个傻瓜，担心自己手臂和双腿胡乱挥舞的样子活像一个小丑，那你就无法从训练过程中体会到丝毫快乐了。

首先，有这些担心再正常不过，为自己跑步方式焦虑的人当然不只你一个。跑步是一种非常自然的身体运动——尽管你一开始可能没有这种感觉，可能会感觉自己的样子很古怪，但到最后就会变得自然而然。你会发现，其实自己和任何一个拥有

多年跑步经验的跑者一模一样，虽然在最初阶段会有点上气不接下气。

话虽如此，但这些年来很多跑步新手都曾无数次地抛出过以下四个问题：

1. 该如何呼吸?

最常听到的一个问题也许就是“跑步期间我该如何呼吸”。跑步时，你的心跳力度是平时的两倍，呼吸的频率也特别快，

用鼻子来呼吸

多年以来，很多休闲慢跑者都认为正确的呼吸方式是用鼻子吸进空气、用嘴巴呼出空气，但大多数跑者现在都意识到这不过是个神话。原因各种各样，不过你可以想想，将大量空气通过狭窄的鼻腔吸入，实在是不符合逻辑。你可以尝试下面的练习。

- 用鼻子进行深呼吸，就像你正在跑步，感觉喘不过来气时会做的那样。
- 现在，再来一次快速的深呼吸，不过这次用嘴。

哪个更容易？

根本没有可比性。你会发现当你在外面跑步、开始呼吸困难时，你的身体自然而然地就想尽可能多地吸入空气，就会自动选择用嘴巴呼吸。

当然，用鼻子呼吸有助于过滤空气中的灰尘颗粒，还能在空气向下进入肺部时使其变得温暖。不过就功能而言，认为用鼻子呼吸比用嘴巴呼吸能呼入更多氧气这种想法简直是天方夜谭。

此时如果还念念不忘该遵守何种呼吸类型实在是太困难了，也极其容易分心。处理呼吸问题的一个简单方法——特别简单——就是根本不要去想它。

呼吸是天生的本能，你的身体会负责这件事，你根本不用操心。人刚一出生立刻就会呼吸，睡觉时也在呼吸。所以当你在外面跑步时，你的身体会想什么时候呼吸就什么时候呼吸，这是顺理成章的事。跑步时太过于纠结该使用何种呼吸方法会让整个过程变得不自然，因此不要过度关注自己的呼吸，而是要把这事交给你的身体。

2. 脚该如何着地?

从生物力学角度看，为何跑者（或步行者）在迈步时脚会以特定方式着地是有很多原因的（大部分都超出了本书讨论范围）。但你要记住，关键的一点就是：你的脚怎么舒服，就怎

史丹福郡大学（Stafford-shire 大学）足部生物力学讲师/从业者、鸡眼专家和足病医生协会会员戴夫·邓宁认为，一个有争议的看法是，脚是人体最复杂的器官。“脚的适应能力特别强，拥有一个极其发达的本体感觉系统（本体感觉的最佳定义就是，它是你的身体用来了解你在世界中处于何处的‘第六感’）。这个系统根据地形来不断对你的肌肉、韧带和关节等进行修正，脚跟在获取这些信息（即判断你在空间中的位置）方面扮演着关键角色。我给各种水平跑者的建议是采用适合个人、活动和地形的步态类型。”

专家建议

么跑。

跑步时，你的脚会自然地以脚跟外侧着地，然后在你完成动作的过程中逐渐向内旋转——不过也并非总是如此。虽然如前文所说，你可以通过选择正确跑鞋的方式来对抗过度的旋转（过度内旋），但从根本上来说，你的跑步方式是个性化的，应该以自然为主。

3. 我为何呼吸如此困难？

呼吸困难的感觉最初可能会让跑步新手感觉有点不适，但你的心血管系统很快就会适应身体不断增加的对氧气的需要，呼吸困难的感觉就会明显减轻。慢跑上几公里，你突然就会感觉很轻松。不过，也有些跑者发现，无论他们在训练中跑了多少次，刚跑几百米后他们仍会感觉自己快要喘不过气来，这会让跑步陡然失去乐趣，并有让你永远不想跑的潜在风险。

跑者为何可能在训练头几周感觉比平时呼吸更困难？有两个常见原因。幸运的是，二者都有简单的解决方案。

疾驰如飞

刚开始跑步时，你可能很难知道该如何正确配速、如何遵守自己生理机能允许范围内的配速。刚开始接受为比赛训练的跑步新手很容易掉进这样一个陷阱：他们的热情占了上风，会以连博尔特都艳羡的速度开始进行“轻柔”配速的慢跑。这些年来，我训练了数十名新手跑者，他们都因为自己刚一起跑就

精疲力竭而对自己的能力丧失信心，结果却发现他们不过是因跑得过快而导致自己的心、肺和腿的机能都跟不上了。

5公里跑和10公里跑训练的最重要部分，也是首当其冲的，就是要确保你能慢跑上很长一段时间，对速度的追求是训练后期的事。因此，如果你发现自己在训练初期呼吸特别困难，那就试着将速度放下来一点，这样就会感觉好多了。在5公里跑和10公里跑这件事上，速度并不总是重点。

运动引发的哮喘

如果开始训练几周后你感觉自己的跑步速度是合适的，但还是会喘不过气来，那你有可能得了某种形式的哮喘——尤其是有可能得了“运动引发的哮喘”。

运动究竟为何会引发哮喘？到现在这依然是个未解难题。著名慈善机构“哮喘英国”（Asthma UK)的看法是，人们运动时呼吸会加快，这使得鼻子和上呼吸道很难变得温暖以及湿润，使其比平时更干、更冷。据认为，正是上呼吸道的这种干冷空气导致了运动引发的哮喘。其症状有：

- 咳嗽
- 嘶鸣
- 胸闷
- 呼吸困难

这些症状一般在运动开始后出现，并在运动结束后15分钟内加重。

如果你出现了这些症状，强烈建议你去看医生。哮喘是一种可以控制的疾病，只要你看医生并得到相应的治疗，它就根本不会给你的训练带来干扰。既然哮喘患者保拉·拉德克利夫（英国马拉松运动员，当今最伟大的女子选手之一）都能以惊人的速度赢得比赛、跑马拉松，就说明这种病是不会给你的比赛准备带来任何阻碍的。

4. 我该如何跑？

跑步是件很自然的事，很多人犯的一个大错就是想得太多。不过，慢跑时要记住的关键是身子要直、不要向前倾，肩部保持自然、放松。仅这两条建议就可减少肩部容易产生的任何不必要的紧张感，从而可以使你更享受训练过程。

CANCER RESEARCH UK
CANCER RESEARCH UK
89
TESCO
CANCER RESEARCH UK
155
TESCO
RESEARCH UK
218
SCO

5 让欢乐起航

对于未来几周的训练，不管你是翘首以待，还是瑟缩不前，这都是你为比赛备战的开始。让欢乐启航吧……

各就各位：训练基本要素

你所选择的训练强度大小和训练时间安排很大程度上由你自己决定，而且要取决于你的比赛目标。但最重要的是，你要抱着享受的心态去开始训练。

本章的主要关注点是，为了让自己进入比赛状态，你得跑多远、跑多快，以及多长时间训练一次。但请记住，这只是一个指南。我再三强调的是，要永远跟随自己的直觉，而不是虔诚地、盲目地遵守规划好的训练计划。

生活是让我们去享受的。尽管你答应去参加为期10～12周的训练计划，但这并不意味着因为某一天你有20分钟或30分钟的训练安排而让自己的生活停顿下来。经常发生的情况是，因为某种我们痛恨或喜欢的原因——不管是和亲戚共进午餐还是聚会后的宿醉——我们不可能在10～12周内一直严格遵守安排好的跑步计划。所以，不管你选择何种计划，把它作为一个指南即可，而不必把它当作真理。

理想的情况是，所有打算参加任何长跑比赛（从5公里跑到马拉松）的跑者都想得到一份训练计划"妙招"，他们会尽可能严格地遵守这份计划，因为他们知道，这个"妙招"能把他们从零基础训练成长跑英雄，每次长跑都不受伤，都能在希望的时间内跑完。

但不幸的是，没有哪一个计划——无论计划得多么美妙——能适合所有的跑者。要想让一份训练计划对自己起作用，最好先弄明白计划中每一次训练的目的。这样，你才能够清楚你的训练是否在按部就班地进行。如果你知道为何训练计划会建议你"30分钟慢跑中穿插爆发性短跑"，你就会更加明白你是否需要这样的训练来提高自己的跑步成绩，或者你是否应该不参加此次训练，休息一天，又或者是你只想进行慢跑。

下面所解释的各种不同的训练方式旨在让你的长跑训练多样化且更有趣，而且同时（对竞争性更强的跑者而言）确保让你的心血管系统和腿部肌肉超负荷运动（见下文），以便让你成为一名跑得更快、跑得更有效率的跑者。

三条黄金法则

不管你的长跑能力如何，为了帮助自己的身体适应长跑，你也需要在一段时间内逐步稳定地使它“超负荷”，以便在长跑距离变长、速度加快时，它能慢慢地适应。这个过程被称为“逐步超负荷”，虽然听起来有点不够酷，但为了让自己进入比赛状态，在训练的过程中，你必须遵循这条最基本的原则。

我们的身体能够出色地适应我们丢给它的各种任务，从学习数学到应付某一感官能力的缺失。所以，就我们的身体而言，适应长跑所带来的生理上的压力实际上是小菜一碟。如果不考虑你所期待的长跑时间，所需要做的就是按照以下三种方式使自己的身体超负荷：

1. 循序渐进：每周增加‘长跑’距离，哪怕只是增加500米。

2. 慢：克制一次性地将原先长跑最长距离增加10%～15%以上的诱惑（如果你这样做，最可能的结果是受伤）。

3. 定期：一周当中定期训练，哪怕只是短跑训练，你的身体也会比你所想的更快地适应长跑。

你会注意到，在下文的训练计划时间表上，每周日的长跑距离都要比上一个周日稍微远一些——远到足以让身体稍微多努力一点以促进适应过程，但不要远到让肌肉和肌腱压力大到无法承受。

通过遵守循序渐进、慢、定期这三条关键原则，你会发现自己很快就能适应长跑，同时也避免了伤病的困扰，并对在自己预期的时间内跑完5公里或10公里信心十足。

跑够该跑的距离

尽管我们强烈建议每周增加长跑距离不要超过10%~15%，但有的时候你会发现，你必须要打破这条规矩，把距离增加到 10%~15% 以上，因为除此之外，你别无选择。对于比较迟参加训练的人以及因为伤病而中途休息的人，有时候他们不得不冒此风险，大幅增加长跑距离，把该跑完的英里数跑够，以回到训练的正轨上。如果你必须要这么做，那就去做吧，但要明白你是在玩“会带来伤害的俄罗斯轮盘赌”游戏，所以要小心。

预备开始：设定好配速

5公里和10公里训练，哪个更适合你？在做这个决定之前，我强烈建议你通读一下后文对能帮助报名者进入比赛状态的不同种类训练方法的解释。尽管你可能会因受到诱惑而一头扎进训练计划，并已经开始了第一周第一天的训练，但我还是建议你先熟悉一下不同种类的训练方法，以便找到能和自身情况最为贴合的计划，并搞清楚每一次长跑训练时你应该完成怎样的训练强度。以下几部分会对你有所帮助。

慢跑：轻松而舒适

毫无疑问，慢跑日是受所有跑者欢迎的，不管他们的训练目标是多远。总的来说，慢跑日让人享受，能让训练变成令人愉悦的休闲时光。

正如你所期待的，慢跑的配速应让人感觉舒适和轻松良好，在跑到终点之前，跑者不应该气喘吁吁的。对于新手来说，在训练伊始，即使是轻松配速的慢跑也会让他们上气不接下气，但过一段时间就好了。在最初的几次训练中，你可能会下意识地低声咕哝："这有什么轻松的？"但到了第二周或第三周的时候，你就会一边慢跑，一边很享受地听着音乐，一边欣赏着沿途的风景，而无气喘吁吁之虞了。

慢跑配速应为：

- 慢跑时，心跳次数约为脉搏最高次数的60%～70%；
- 速度约为长跑最快速度的50%～60%；
- 慢跑时可以和人聊天。

记住，训练计划建议你轻松慢跑或长距离慢跑，但这并不意味着如果在慢跑中你放慢速度走几分钟将气喘匀，你就是个失败者。有许多受人尊敬的长跑教练——比如恩斯特·凡·艾肯·（Ernst Van Aaken），他是妇女跑步运动的早期倡议者，也是奥运会选手的 5000 米长跑教练——他们都坚定地认为，相比一路慢跑到底，长跑训练中穿插步行能更为有效地促进身体适应能力。长跑中穿插步行有助于使身体在一个较长时间段里将“有氧运动最大化”，并防止身体过于精疲力竭。

所以，尽管“从零开始计划”建议步行 4 分钟、慢跑 1 分钟，但如果你慢跑 45 秒后就开始喘息，那就不如停下来，步行更长的时间，这没有什么可让人感到羞耻的。

专家建议

爆发性短跑：短而快

在训练计划中你会发现，时不时地——尤其是在头几周的训练中——某一期训练就会建议你来一次20分钟左右的伴随着“爆发性短跑”的慢跑。这虽然听上去有些不知所云，但其实它的意思只不过是当你每隔一段慢跑时，短时提高配速。无规则可循，只需要偶尔增加配速，给你的健康来点额外助推。

爆发性短跑应该：

- 在训练的最初几周内每次持续10秒钟左右，你的身体越来越强健后可以提升到30秒。

- 每隔5分钟进行一次，身体越好，频率可以越高。
- 以一种非常随意、放松的方式引导你进入“间歇性训练”的世界——爆发时想多快就多快，想什么时候爆发就什么时候爆发。

可以在任何训练计划的任何阶段中加入爆发性短跑内容。所以只要你想，就随时爆发吧！

跑步：提高配速

慢跑之后的下一步就是常速跑。尽管对这两个术语的解释空间很大，而且跑者的个人能力不同，对它们的理解也千差万别，但常速跑的配速比慢跑略快，也需要更高的专注度和更大的努力来维持配速。

常速跑配速应该是：

- 以你最大心率的70%～80%来跑；
- 以你最快跑步速度的65%～75%来跑；
- 你只能和人用短句子交谈，然后就必须喘口气。

跑步新手会发现，使用常速跑配速后，一两分钟后便气喘吁吁了；而长期跑者则可以在整个10公里全程中使用常速跑配速。我的指导意见是，只要训练计划上提示你该出去跑步，你就应该以一种自己感觉刚好可以跑完训练时长的强度来跑。跑步结束时，你应该感觉特别累，而且大口大口地喘气。

间歇跑

“间歇跑”或“间歇训练”这个词让很多跑步新手闻声色变。他们被误导了，认为这种训练比生孩子还痛，会减少很多乐趣。

间歇跑其实不过是一种让你提高跑步强度的训练形式——可以跑步上山或者短期提高步速，然后进行一段时间的恢复慢跑或恢复走路。在特定的距离和时间内按这个顺序重复数次即可。

例如，一次间歇跑训练可以包含轻松慢跑五分钟，用来热身；然后以你最快跑步速度的70%～80%跑步，接下来是两分钟的恢复走路。每期训练可以将这个流程重复8～10次。

可能对于那些一心一意地想以最短时间跑完比赛的跑者来说，来回重复这些高强度间歇跑实在太无聊。事实上，不是每个人都必须这样做。间歇跑的强度可以因人而异，难度也可以有所降低，否则你可能就此生再也不想跑了。

事实上，间歇跑是一种打破传统平稳跑速，给你每周训练带来新鲜感的绝佳方式。有些跑者其实很喜欢间歇跑，喜欢先进行短时爆发性快跑这种比较累的运动，然后再用一段恢复性走路来巩固。

间歇跑并非不可或缺，尤其是如果你并不准备在比赛中打破任何极限速度的话，但我还是强烈建议你将间歇训练列入整个训练计划，每周进行一次。记住，不需要快得肺都要炸裂，只要能让你感觉比轻松配速慢跑稍微累一点就行。

每次间歇跑训练究竟强度有多大？为避免猜来猜去，你可

以参看下面的不同水平跑者的间歇训练实例。

交叉训练

和任何体育活动一样，一连几周反反复复地做同一种运动会让人感觉乏味，而且不知不觉中就会消极怠工，把自己从沙发上拖起来、到外面慢跑就会变得难度特别大。虽然有些人运气好，他们的伴侣会把他们踢出前门去跑步；但另一些人可能就没这么走运了，得需要别的激励方法。这时，我们就需要交叉训练了。

交叉训练不过是跑步以外的另一种加快脉搏的运动形式，可以在户外进行，也可以在体育馆内进行。任何能让你气喘吁吁、大汗淋漓、脸色红彤彤的跑步之外的活动都可以被界定为

入门者和新手的间歇跑

期次	热身	间歇时间	两次间歇跑之间的休息时间（轻轻慢跑/走路）	间歇跑强度	间歇跑次数
1	轻轻慢跑/5分钟的走路和拉伸	60秒	3分钟	最快速度的60%~80%	6~8
2	轻轻慢跑/5分钟的走路和拉伸	90秒	4分钟	最快速度的60%~80%	6~8
3	轻轻慢跑/5分钟的走路和拉伸	2分钟	5分钟	最快速度的60%~80%	6~8

健将型跑者的间歇跑

期次	热身	间歇时间	两次间歇跑之间的休息时间（轻轻慢跑/走路）	间歇跑强度	间歇跑次数
1	轻轻慢跑/5分钟的走路和拉伸	60秒	60秒	最快速度的80%~90%	8~10
2	轻轻慢跑/5分钟的走路和拉伸	90秒	90秒	最快速度的75%~85%	8~10

（续）

期次	热身	间歇时间	两次间歇跑之间的休息时间（轻轻慢跑/走路）	间歇跑强度	间歇跑次数
3	轻轻慢跑/5分钟的走路和拉伸	2分钟	90–120秒	最快速度的75%~85%	8~10

记住，这些只不过是一个指南，可以通过很多方式对它们进行调整，让它们更容易或更难，随你的喜好。随着你对训练计划执行得越来越深入，你的身体也越来越强健，你就会发现这些间歇跑轻松很多，你甚至想要提高它们的强度，来使自己身体的健康水平更上一层楼。

如果你想让间歇跑更富挑战性，那么可以每过几周就改变一些变量：

- 将间歇时间增加 30 秒；
- 将恢复期缩短 30 秒；
- 将每次间歇跑的速度提高 10%；
- 将每期间歇跑的次数增加两次。

如果你真想挑战一下自己，甚至可以以间歇跑的方式上山；或者在两次间歇跑之间慢跑，而不是走路或干脆停下来。

交叉训练。这是一个打破每周在人行道上跑步的沉闷、让你有新鲜感的绝佳办法。最常见的交叉训练形式有：

- 游泳
- 骑自行车（室内或室外）
- 划船
- 有氧课
- 踏步机
- 多功能训练器

每周日程安排中添加一项交叉训练不仅能让你有新鲜感，还能减少每周三至四次户外跑步给你的关节和肌肉带来的紧张和压力。尽管明智、循序渐进的训练计划不会使你的关节过度紧张或导致疼痛，但对于任何一个容易受伤的跑者来说，每周进行交叉训练降低了使脆弱关节过度劳累的风险。交叉训练的另一个好处是让你的心肺得到锻炼，促进你的健康。现在你明白为什么交叉训练值得拥有了吧？

很多跑者都会问“哪种形式的交叉训练最好？”这很自然。老实说，答案很简单，你最喜欢的、最想做的就是最好的。虽然某些交叉训练比其他的要好一些（例如划船就特别棒），但如果你觉得它味如嚼蜡，就没有意义选择它了——如果你每一分钟都讨厌做这个训练，也就没法获得最大益处。因此，如果你喜欢游泳，就去游泳；如果你喜欢骑自行车，就去骑行……

无论你是每周固守同一类型的交叉训练还是将其混在一

不要放松

一个对待交叉训练的常见错误是态度上太过于放松。如果你去游泳，就别在游泳池里悠闲地游来游去，仿佛是在加勒比海度假一般。要保证不管选择哪种交叉训练，都要花些力气。到训练结束时，你就会感觉自己痛快地锻炼了一场。

起进行，你都应该利用交叉训练环节来让自己从跑步中放松一下，让你的身体以不同的方式运动起来。尝试不同运动是件有趣的事，所以选择一样你喜欢的运动，让你的交叉训练帮助你为比赛进行身体上的准备。

下面这张表可以帮助你了解如何利用交叉训练来替代30分钟的跑步：

交叉训练

训练	时长
骑自行车	40~45分钟（山坡）
游泳	30分钟连续游泳，期间偶尔有1分钟的爆发性快游
室内划船	10~15分钟，3次（每次间隔5分钟）
多功能健身器	连续进行30~40分钟

6 选择你的训练时间表

好了，现在该抓紧时间在比赛前大约12周来让你的训练步入正轨了。

理想的话，最好是用稍长于10～12周的时间做赛前训练（尤其是参加一万米跑的）。以下几页上的训练时间表是为了帮助你科学地做赛前准备，并给予你站上起跑线的自信，因为你知道自己很健康，足以完成比赛。

选择何种时间表?

这里有张适合所有不同能力者的训练时间表，不管是初跑者还是期望破纪录者都适用，可以从中浏览并找到最适合自己的计划。记住，如果你发现自己正在进行的计划太简单或太难了，就可以随意混合搭配训练方式（只需将一两个训练对换）；如果你

“我从自己十年‘跑步生涯’中汲取的最大的教训是——在进行训练项目时不要过分依赖跑步机。我已经犯了好多次这种错误，现在我得到了这个教训。我发现，在跑步机光滑有弹性的轨道上跑步，并不能让你对最终比赛做好准备，因为比赛时会是更坚硬、更凹凸不平的地面。在室外跑要比在跑步机上跑困难得多，这对于你的腿和肺来说都是一个不小的挑战。所以，除非确实是极端天气，否则我坚持尽量在室外跑步，以使我的身体适应真实的比赛环境。”

——乔安娜·海斯（Joanna Hayes）

完全能够承受，还可以在训练周内跑一些。

最重要的是选择一个你觉得最适合你自身状况和生活方式的时间表。假如你选择了“个人最佳5公里”计划，但仅在两周之后就没有足够的时间来完成并且开始落后于计划了，这就是很糟糕的。在你年轻时或许还有时间和精力遵循更有难度的时间表，然而工作、家庭——还有我敢说——年龄，都会无情地拖你后腿。所以务必要为自己设立一个挑战，但同时请尽量保证训练目标的现实性。请记住，如果你有时间，当然可以在训练周加一个部分，但是尽量别让自己同时应付不现实的训练计划、工作和家庭琐事，那会产生不必要的压力。

“零基础”计划

如果你是完全零基础的初跑者，并计划不加停留地跑完5公里或10公里的大半程甚至全程，那么这张初学者时间表对你来说是很理想的。它适用于那些基本不做体育锻炼或者轻微超重的人。这是一个温和的准备工作，可以让你的身体习惯于常规练习。若你的身体对训练反映良好，就说明你能很好地适应它。你可以通过如下方式灵活调整步行时间和慢跑时间：

- 如果你觉得太容易的话，减少步行时间并增加慢跑时间；
- 根据你所感受到的疲劳程度增加或减少慢跑的间隔；
- 如果你觉得自己能应对的话，就增加一个训练日。

这个五日计划能帮助你塑造足够健康的体魄，以便开始“初级5公里和10公里”计划。

现在你可能会觉得压力很大，可是你一旦开始就会发现山峰触手可及，实现目标远比自己想象得要容易得多。若你觉得需要的话，当然可以在计划上花多于五周的时间，你所要做的只是偶尔重复一个训练周。并不是说准备得越久、越慢，你受伤的可能性就越低。所以哪怕你选择的比赛远在六个月之后，你都要尽早开始准备。

训练计划1：零基础

周	第一天	第二天	第三天	第四天	第五天	第六天	第七天
1	30分钟快走	休息	4分钟步行，1分钟慢跑（4组）	休息	4分钟步行，1分钟慢跑（5组）	休息	4分钟步行，1分钟慢跑（6组）
2	35分钟快走	休息	3分钟步行，1分钟慢跑（4组）	休息	3分钟步行，1分钟慢跑（4组）	休息或40分钟快走	3分钟步行，1分钟慢跑（5组）
3	40分钟快走	休息	4分钟步行，2分钟慢跑（4组）	休息	4分钟步行，2分钟慢跑（4组）	休息或45分钟快走	3分钟步行，2分钟慢跑（5组）
4	45分钟快走	休息	3分钟步行，3分钟慢跑（4组）	休息	3分钟步行，3分钟慢跑（4组）	休息或45分钟快走	3分钟步行，3分钟慢跑（5组）
5	50分钟快走	休息	3分钟步行，3~4分钟慢跑（5组）	休息	3分钟步行，3~4分钟慢跑（5组）	休息或45分钟快走	3分钟步行，4分钟慢跑（6组）

“零基础”计划的关键点

● 随意调整你慢跑和步行的长度，但要确保你每周都增加了强度，哪怕只有一点点；

- 快走的速度应该介于漫步和暴走之间；
- 在休息日可以散步。

“初级5公里和10公里”计划

这些时间表特别适用于那些第一次参加跑步比赛，只是想跑完全程或者因忙于处理工作和家庭事务而很难坚持严酷训练计划的跑者。

在21世纪的今天，生活中似乎充满了各式各样的事情，使得周而复始地坚持一项严格的训练项目成了极难之事。值得庆幸的是，这些训练计划让你清楚地知晓自己应该怎么做，同时还可以牺牲日常项目来处理家庭和工作事务。当然了，你越严格地遵循计划，你的双腿就越能够承受比赛的强度。但是，只要你做到了80%，在训练结束之后就足以完成比赛，同时还很享受训练过程。

“初级5公里和10公里”计划的关键点

在一开始的四到五周，“初级5公里和10公里”计划会让你拥有健康的身体，并让你的心脏、双腿和肺习惯锻炼的状态。在此期间，任何一个训练项目都可以用快走代替慢跑，所以如果你部分或全部选择快走也是完全没关系的。

在四到五周后，你的身体会逐渐适应锻炼，你也会发现自己可以更持久地保持慢跑速度。这时，虽然采用行走间隔也未尝不可，但还是请尽量坚持慢跑，时间越长越好。

如下是其他一些关键点：

● 每个跑者对训练计划的适应程度都不一样，有些人可能要花更长时间来适应跑步，所以你只要跟随自己的步伐即可。如果你觉得太困难，就再重复一周，或者步行更长时间。

● 不要因为训练计划规定“跑两分钟”，你就觉得必须要跑得很快，甚至完全完成。你或许在训练中乐于享受这种状态，这固然很好，但同时也可能是你所害怕的。若真有这种情况，不要认定自己必须要做，你也可以用慢跑来代替。伴随着训练的应该是享受，而非对某些项目的担忧或惧怕。

● 如果你觉得训练很容易，就在训练周内加一个项目、跑更快一点或者从“个人最佳”计划中借鉴一个项目。

训练计划2：初级5公里

周	第一天	第二天	第三天	第四天	第五天	第六天	第七天
1	休息或30分钟步行	5分钟慢跑，4分钟步行（2组）	休息	5分钟慢跑，4分钟步行（2组）	休息	休息或30分钟步行	6~8分钟慢跑，5分钟步行（2组）
2	休息或30分钟步行	5分钟慢跑，4分钟步行（3组）	休息	5分钟慢跑，4分钟步行（3组）	休息	休息或30分钟步行	8~10分钟慢跑，5分钟步行（2组）
3	休息或30分钟步行	5分钟慢跑，3分钟步行（3组）	休息	5分钟慢跑，3分钟步行（3组）	休息	休息或30分钟步行	8~10分钟慢跑，4分钟步行（2组）

（续）

周	第一天	第二天	第三天	第四天	第五天	第六天	第七天
4	休息或30分钟步行	5分钟慢跑，3分钟步行（4组）	休息	5分钟慢跑，3分钟步行（4组）	休息	休息或30分钟步行	10分钟慢跑，3分钟步行（2组）
5	休息或30分钟交叉训练	6~8分钟慢跑，3分钟步行（3组）	休息	6~8分钟慢跑，3分钟步行（3组）	休息	休息或30分钟步行	12~14分钟慢跑，3分钟步行（2组）
6	休息或30分钟步行	6~8分钟慢跑（有爆发性），3分钟步行（3组）	休息	2分钟跑步，3分钟步行（5组）	休息	休息或40分钟步行	15~20分钟不间断慢跑
7	休息或30分钟交叉训练	8~10分钟慢跑（有爆发性），3分钟步行（3组）	休息	2分钟跑步，3分钟步行（6组）	休息	休息或30分钟交叉训练	20~25分钟慢跑（需要的话步行）
8	休息	10~12分钟慢跑（有爆发性），3分钟步行（3组）	休息	2分钟跑步，2分钟步行（5组）	休息	休息或30分钟交叉训练	25~30分钟慢跑（需要的话可步行）
9	休息或30分钟交叉训练	12~14分钟慢跑（有爆发性），2分钟步行（2组）	休息	2分钟跑步，2分钟步行（6组）	休息	休息或30分钟交叉训练	30~35分钟慢跑（需要的话可步行）

（续）

周	第一天	第二天	第三天	第四天	第五天	第六天	第七天
10	休息	15分钟慢跑（有爆发性），2分钟步行（2组）	休息	2～3分钟跑步，2~3分钟步行（5组）	休息	休息或40分钟步行	35~40分钟慢跑（需要的话可步行）
11	休息	15分钟慢跑（有爆发性），1~2分钟步行（2组）	休息	2～3分钟跑步，2~3分钟步行（5组）	休息	休息或40分钟步行	40~45分钟慢跑（需要的话可步行）
12	休息	15~20分钟慢跑	休息	20分钟交叉训练或休息	休息	休息或20分钟步行	比赛日

训练计划3：初级10公里

周	第一天	第二天	第三天	第四天	第五天	第六天	第七天
1	10~15分钟舒缓的慢跑或步行	15~20分钟慢跑	休息	15~20分钟慢跑（有爆发性）	休息或20分钟交叉训练	休息	25~30分钟、3~4公里慢跑
2	休息	20分钟慢跑	休息	20分钟慢跑（有爆发性）	休息或20分钟交叉训练	休息	30~35分钟、4公里慢跑
3	休息	20~25分钟慢跑	休息	20~25分钟慢跑（有爆发性）	休息或25分钟交叉训练	休息	30~35分钟、4公里慢跑

（续）

周	第一天	第二天	第三天	第四天	第五天	第六天	第七天
4	休息	25分钟慢跑	休息	25分钟慢跑（有爆发性）	休息或25分钟交叉训练	休息	35~40分钟、4~5公里慢跑
5	休息	25~30分钟慢跑	休息	25~30分钟慢跑（有爆发性）	休息或30分钟交叉训练	休息	40~50分钟、5~6公里慢跑
6	休息	30~35分钟慢跑	休息	30~35分钟慢跑（有爆发性）	休息或30分钟交叉训练	休息	50~60分钟、5~6公里慢跑
7	休息	35~40分钟慢跑	休息	4分钟跑步，4分钟步行（4组）	休息或30~35分钟交叉训练	休息	60~65分钟、6~7公里慢跑
8	休息	35~40分钟慢跑	休息	4分钟跑步，4分钟步行（5组）	休息或35~40分钟交叉训练	休息	70~75分钟、7~8公里慢跑
9	休息	40~45分钟慢跑	休息	4分钟跑步，3分钟步行（4组）	休息或40分钟交叉训练	休息	75~80分钟、8~9公里慢跑
10	休息	45分钟慢跑	休息	4分钟跑步，3分钟步行（5组）	休息或40~45分钟交叉训练	休息	80~90分钟、9~10公里慢跑

（续）

周	第一天	第二天	第三天	第四天	第五天	第六天	第七天
11	休息	50分钟慢跑	休息	4分钟跑步，3分钟步行（6组）	休息或45~50分钟交叉训练	休息	80~90分钟、9~10公里慢跑
12	休息	20~30分钟舒缓的慢跑	休息	10~15分钟舒缓的慢跑	休息或20分钟交叉训练	休息	比赛日

“快攻5公里”计划

或许你花了好多年才鼓起勇气参加比赛，或许朋友打赌说你“天生就不会”跑5公里，或许你一直很忙碌无法开始训练，所有这些都不足挂齿，这个六周长的时间表可以在相对较短的时间内帮助你拥有尽可能良好的身体状态。

此计划远远称不上理想，因为你更有可能会受伤，但是有时，哪怕你自己没有任何过错，也会陷入这一困境中，而快攻训练计划是突破困境的唯一希望。如果你想不作停留地跑完全程，这个计划似乎仍是不够的。但确定的是，它能让你拥有足够良好的身体状态来享受比赛并跑完绝大部分。

和其他计划一样，每个人都有不同的健康水平，有些人还会更快地适应训练，所以请根据自己的时间安排来增加或减少课程。如果你严格坚持这个计划的话，你就会为5公里跑做足准备，但是这个计划仍旧欠缺理想的准备工作。

“我能给出的最佳建议是：即使你不是很适应，也请不要担心。在我开始为‘沐浴生命’比赛训练的时候我也不适应。如果你是零基础的跑者，请慢慢地增加你的跑步距离。”

——桑迪·西里尔（Sandie Hillier）

如果你执着于跑完5公里全程，并寄希望于这个计划能帮助你达成目标，那我恐怕要说你必须得增加一定强度（每周增加一个训练项目，并且按照下列指示做）。如果你发现自己很适合跑步、这个计划太容易了，那么我建议你选择另外的5公里计划，并将其中一些训练整合到周训练中。

如果你觉得太难了，也不要担心。只要做你能够做的，并且关注于享受训练的最大乐趣，总有下一次的，要始终关心你的身体。如果你忍受着肌肉或关节疼痛，那请停止训练，并在情况变得更糟糕之前进行治疗。

训练计划4：快攻5公里

周	第一天	第二天	第三天	第四天	第五天	第六天	第七天
1	休息	5分钟慢跑，3~4分钟步行（3组）	休息	5分钟慢跑，4分钟步行（3组）	休息或30分钟快步走	休息	8~10分钟慢跑，4~5分钟步行（3组）

（续）

周	第一天	第二天	第三天	第四天	第五天	第六天	第七天
2	休息	6分钟慢跑，3~4分钟步行（3组）	休息	6分钟慢跑，4分钟步行（3组）	休息或30分钟快步走	休息	10~14分钟慢跑，4~5分钟步行（3组）
3	休息	7分钟慢跑，3~4分钟步行（4组）	休息	7分钟慢跑，4分钟步行（4组）	休息或35分钟快步走	休息	14~18分钟慢跑，4~5分钟步行（3组）
4	休息	8分钟慢跑，2~3分钟步行（4组）	休息	7分钟慢跑，3分钟步行（4组）	休息或40分钟快步走	休息	18~22分钟慢跑，4~5分钟步行（2组）
5	休息	9分钟慢跑，2~3分钟步行（4组）	休息	9~10分钟慢跑，2分钟步行（4组）	休息或45分钟快步走	休息	22~25分钟慢跑，4~5分钟步行（2组）
6	休息	10分钟慢跑，2~3分钟步行（4组）	休息	10分钟慢跑，2分钟步行（3组）	休息	休息	比赛日

“快攻5公里”计划的关键点

● 虽然与为期10～12周的计划相比，这张训练时间表看起来要诱人得多，但它还远称不上完美。理想的话，你需要花更多时间来准备5公里比赛。你的训练计划越短，受伤的可能性就越高。一定要牢记这点。

● 如果你非常健康，你可以把“个人最佳”计划上的训练加进来。假如你感觉自己可以承受，那么增加强度并不会有什么伤害，因为你的身体愿意且能胜任。

● 如果你觉得自己足够健康，还可以提高一点难度，请尝试下面的一两种方法。

——在训练周增加一个项目。

——多跑一两个间隔。

——每个间隔跑快一点。

——跑远一些。

——减少慢跑之间的步行时间。

“个人最佳”计划

不管你想在5公里或10公里比赛中跑多快，下面这些计划都比初级计划要难多了。

如果你有志于跑赢朋友或打破最佳纪录，那这些时间表就是很理想的。和初级计划不同，它们能做些微调来适应工作和家庭安排。即使如此，这些计划的强度或规律性也都不可做太大幅度的改动。如果你试图尽可能地坚持这些训练时间表，你会获得可向朋友炫耀的资本或者刷新个人最好成绩。

“个人最佳”计划的关键点

● 有些训练对腿和肺来说都是不小的挑战，所以记得事先做一些测试看看自己是否能应对。

“我们没有花钱买GPS设备，因为我们发现按照特定路线跑并测量它的长度是很容易的。这样我们也知道了自己跑步训练的距离。早些时候我们还发现，路线上的标志物（比如某些建筑物、路灯，甚至薯条店）也可以激励我们继续向前。”

——凯蒂·诺里斯（Katy Norris）和嘉玛·斯坦斯比（Gemma Stainsby）

● 间隔性训练对于提高跑步速度和效率是非常有效的，但是请别勉强自己太经常地做这些困难训练。

● 若你发现最后30秒非常困难，这意味着你在每个间隔的跑步速度是正确的。若在每个间隔之后你的呼吸没有变沉重，这表示你跑得不够快。

● 如果你的腿感到沉重或者太累了而无法完成原定强度的跑步训练，也可以用慢跑替代。有时候休息同样是有益的，因为你的身体需要休息。

训练计划5：个人最佳5公里

周	第一天	第二天	第三天	第四天	第五天	第六天	第七天
1	休息	15~20分钟慢跑	休息	15~20分钟慢跑（有爆发性）	休息或20分钟交叉训练	休息	20~25分钟慢跑

（续）

周	第一天	第二天	第三天	第四天	第五天	第六天	第七天
2	休息	20分钟慢跑	休息	15~20分钟慢跑（有爆发性）	休息或20分钟交叉训练	休息	20~25分钟慢跑
3	休息	20分钟慢跑（有爆发性）	休息	20~25分钟慢跑（有爆发性）	休息或20~25分钟交叉训练	休息	30分钟慢跑
4	休息	5分钟间隔跑（4组，4~5分钟休息）	休息	15~20分钟跑步	休息或20~25分钟交叉训练	休息	30分钟慢跑
5	休息	5分钟间隔跑（4组，4~5分钟休息）	休息	15~20分钟跑步	休息或25~30分钟交叉训练	休息	30~35分钟慢跑
6	休息	5分钟间隔跑（5组，3~4分钟休息）	休息	20分钟跑步	休息或30~35分钟交叉训练	休息	30~35分钟慢跑（有爆发性）
7	休息	3分钟间隔跑（6组，3~4分钟休息）	休息	20~25分钟跑步	休息或30~35分钟交叉训练	休息	30~35分钟慢跑（有爆发性）

（续）

周	第一天	第二天	第三天	第四天	第五天	第六天	第七天
8	休息	3分钟间隔跑（7组，3~4分钟休息）	休息	20~25分钟跑步	休息或35~40分钟交叉训练	休息	25~30分钟跑步
9	休息	2分钟间隔跑（8组，2~3分钟休息）	休息	25~30分钟跑步	休息或40分钟交叉训练	休息	30分钟跑步
10	休息	2分钟间隔跑（10组，2~3分钟休息）	休息	15~20分钟跑步或休息	休息或20分钟交叉训练	休息	比赛日

训练计划6：个人最佳10公里

周	第一天	第二天	第三天	第四天	第五天	第六天	第七天
1	休息	15~20分钟2~3公里慢跑	休息	20分钟3公里慢跑（有爆发性）	休息或30分钟交叉训练	休息	20~25分钟3~4公里慢跑
2	休息	20分钟3公里慢跑（有爆发性）	休息	20分钟3公里慢跑（有爆发性）	休息或30分钟交叉训练	休息	25分钟4公里慢跑

（续）

周	第一天	第二天	第三天	第四天	第五天	第六天	第七天
3	休息	20分钟3公里慢跑（有爆发性）	休息	20~25分钟3~4公里慢跑（有爆发性）	休息或30分钟交叉训练	休息	25~30分钟4~5公里慢跑
4	休息	20~25分钟3~4公里慢跑（有爆发性）	休息	3~4公里跑	休息或35~40分钟交叉训练	休息	30~35分钟5~6公里慢跑
5	休息	1公里间隔跑（4~5组，4~5分钟休息）	休息	4~5公里跑	休息或35~40分钟交叉训练	休息	35~40分钟6~7公里慢跑
6	休息	1公里间隔跑（5~6组，4~5分钟休息）	休息	5公里跑	休息或40~45分钟交叉训练	休息	40~45分钟7~8公里慢跑
7	休息	1公里间隔跑（6~7组，4~5分钟休息）	休息	6~7公里跑	休息或40~45分钟交叉训练	休息	45~50分钟8~9公里慢跑
8	休息	3分钟800米间隔跑（8~9组，3~4分钟休息）	休息	6~7公里跑	休息或40~45分钟交叉训练	休息	50~55分钟9~10公里慢跑

（续）

周	第一天	第二天	第三天	第四天	第五天	第六天	第七天
9	休息	3分钟800米间隔跑（9～10组，3~4分钟休息）	休息	7~8公里跑	休息或40~45分钟交叉训练	休息	50~60分钟9～11公里慢跑
10	休息	3分钟800米间隔跑（6组，3分钟休息）	休息	5公里慢跑	休息或40~45分钟交叉训练	休息	比赛日

7 拉伸以防止受伤

如果这是你第一次参加跑步比赛，那么对于跑步前是否需要拉伸感到困惑是非常正常的。几乎所有初级跑者在初次跑步时拉伸得都非常随意，根本不知道自己在拉伸哪些肌肉，也不知道拉伸得是否正确。这些年，我看到过一些颇有成就的跑者的拉伸运动非常奇怪，而且没有必要，甚至可能会对背部和腿部造成伤害。我诚挚地希望这一章可以帮助你做有效且安全的拉伸。

一个好的拉伸体系对于任何形式的体育锻炼来说都是必要的，原因有很多：拉伸能让肌肉保持放松，从而在很大程度上降低遭受不必要伤害的概率。因此，拉伸是使肌肉为体育锻炼做好准备的一个至关重要的部分。

抛开那些不必要的顾忌

休闲性跑步近几年来变得很热门，同时也被诟病称会导致受伤。据说，最专业的跑者都说只有两种类型的跑者——“已经受伤的和将要受伤的”。

跑步是重复性的，而且如同我之前提到的，在跑步过程中，每跑一步，我们的脚和下肢都必须忍受相当于我们体重三倍的压力。这样看来，认为肯定会受伤就很正常了。

但是，在你放弃开始一个给你的身体造成如此大压力的活动之前，请接受这样一个事实：我们的身体生来就是要忍受这种压力的。你完全可以跑很多年而不受伤，只要你好好照料自己的肌肉并且经常拉伸它们。

只要确保自己所有的主要肌肉和关节都做了良好的拉伸运动，你就不仅能在比赛当天顺利地（而不是蹒跚地）走上起跑线，而且你的整个训练过程也会变得更有乐趣，因为你不必每周遭受膝盖、脚踝和髋部的酸痛之苦。

保持平衡

在所有为了说明保持肌肉强壮和拉伸的重要性而做的比喻中，最好的一个是“船的桅杆和所有支撑它的绳索”。这个比喻很好地阐述了肌肉和骨头的关系。

假如你把桅杆想象成你的脊柱、骨盆或者某根腿骨，然后

把连接着的绳索想象成肌肉，你就能看到保持肌肉强壮和拉伸有多么重要，这就像是保护桅杆不被拉扯，以及在连接处产生张力。

对于那些每周公里数不断增加因而腿部肌肉常常变得很紧张的跑者而言，经常拉伸是至关重要的，因为只有这样，腿部的主要跑步肌肉才不至于变得太过紧张。如果确实变得太过紧张了，这些肌肉就会拉扯骨盆或膝盖周围的柔软组织，从而造成疼痛和发炎。

同样重要的是保持某些肌肉强壮，这样那些结构体（比如骨盆）便可以在跑步过程中得到较好的支撑，使“桅杆”可以保持稳定并防止摇晃（摇晃会导致受伤）。

肌肉平衡和肌肉防止受伤的机理是极其复杂的，也不在本书的讨论范围之内。为了避免因使用复杂的术语而造成困惑，我使用了下述简单的拉伸和运动方法。尽管简单，却十分有效。

拉伸，拉伸，拉伸

在运动前后进行拉伸是否有必要，这在运动医学专家中是一个备受争议的问题，有些专家认为是毫无必要的。和那些科学研究一样（比如从气候变化到婴儿接种疫苗的证据是否存在的争论），跑步前后拉伸的有效性和矛盾性研究让很多人产生困惑，他们常常对孰对孰错毫无概念。

这些年在训练了数百名柔韧性不同的跑者，并帮助他们为不同的体育比赛做准备之后，我的立场是，在多数时候，拉伸在任何锻炼形式的热身和放松过程中都是不可或缺的，尤其是跑步。船之桅杆的比喻只是为了说明在你尝试任何形式的体育运动之前都应该充分拉伸肌肉。在确保所有主要肌肉的纤维都

例外

凡事都有例外，拉伸也是如此。如果你生来柔韧性很好，无法理解为什么别人会觉得摸到脚趾、弯曲手指很难，那你真的不用花太多时间在拉伸上。那些生来柔韧性就很好的人多做拉伸反而是有害的，还会造成关节不稳。如果你也属于这种情况的话，最好花更多时间在本书第七章将介绍的力量训练上，以使你的关节强壮、稳定。

排列良好的前提下，拉伸能使肌肉顺利运作，并降低紧张的肌肉可能造成的潜在伤害。

跑前拉伸的要领

在你开始一系列拉伸运动之前，有三件事希望你一定记住。虽然总的来说在跑步前后拉伸肌肉是安全有效的，但如果你未能遵守这些黄金法则的话，你就很有可能对自己造成伤害。

1. 一定要热身

在任何运动前，热身都是必不可少的。这有诸多原因：热

身可以活动关节、提高身体核心温度；最主要的是，可以促进血液流向肌肉，使肌肉做好运动的准备并有利于拉伸。

遗憾的是，忽略这条规则的通常是最勤勤恳恳的跑者，他们认为自己做跑前拉伸是很明智的。事实上这样做弊大于利。拉伸未热身的肌肉将造成严重劳损，因为肌肉纤维无法良好反应。你的肌肉就跟橡皮泥似的，温暖的时候容易拉伸，寒冷的时候则容易断折。

不要在你还没入门时就已经拉伤肌肉了。拉伸前散步或慢跑五分钟，确保你的腿部肌肉良好、温暖。

2. 拉伸，但别拉伤

有效拉伸的关键是让你想要拉伸的肌肉处于舒展状态，但是不要太过勉强。我见过好多位跑者神色痛苦地做拉伸训练，他们使劲拉伸，让人担心他们的肌肉会断掉。

注意，下文所说的拉伸都要求把肌肉按压到有拉伸感的那个点，然后保持。差不多20秒之后你会觉得变轻松了，然后可以继续加大按压力度。但是，千万不要把拉伸视为一种比赛或者是向他人证明自己柔韧性更好的方式，男性尤其容易这样做。这样只会以腿部抽筋或腹股沟撕裂而告终，你的训练计划也会因此无奈地推迟几周。

3. 慢慢来

每个人的柔韧性差别很大，有人能轻轻松松地弯腰亲到膝盖，而有人仅能碰到膝盖。肌肉对拉伸的反应能力同样有很大差别。可能有人在10秒之后就觉得拉伸变轻松了，而有人则要保持50秒甚至更久。

由于拉伸反应方面巨大的差异性，在你加大压力或换另一条腿之前，一定要保持拉伸直到肌肉放松。这个过程可能需要5秒，也可能需要2分钟，但不管如何，请不要急匆匆地拉伸。慢慢来，等肌肉感觉良好，等自己准备好了，再开始跑步训练。

跑后拉伸的要领

跑后拉伸常常被跑者所忽略，因为跑完筋疲力尽，除了水和热水澡以外别无他求。但是，如果你在慢跑以后花一分钟做一些轻柔拉伸的话，你的肌肉将受益匪浅。虽然在你洗澡、喝水之后再拉伸也没有太大差别，但最好在你忘记之前就抓紧做。

虽然我跳过了跑后的放松环节，但它仍然是你训练的重要部分。散步可以帮助减缓头晕症状，还能解决长时间跑动后突然停下可能导致的血压升高问题。而跑后拉伸和散步也同样重要。

拉伸准备

人体共有639块肌肉，拉伸每一块是不可能的，显然也是浪费时间的。正如前文所述，由于每位跑者对于拉伸的反应不同，所以你有可能要比别人花更多时间在跑步前后拉伸肌肉。平均而言，你至少应花5分钟拉伸一下跑步所带动的关键肌肉。

我建议你在每次跑步前后做下文介绍的拉伸活动。你可以做更多，也可以做更少。但是通过如下拉伸活动，你能充分准备好开始跑步训练，因为你的主要跑步肌肉都很好地拉伸过了，不管你想跑多少距离，它们都足以承受。

热身运动

在拉伸之前先热身肌肉，这一点怎样强调都不为过。

拉伸前热身是训练中一个不可或缺的部分，因为它能让你

进入正确的状态，并准备好应对训练项目。因此，我一直觉得在训练的前5～10分钟最好在室外做一些热身活动（慢跑或者步行），以让你有良好的状态。

虽然在你舒适的家中热身甚至拉伸也未尝不可，但我发现，这很容易被孩子和繁杂的家务所打断。在家里热身是拖延症患者的梦想（从我的经验而论），因为同时有那么多的事情拖延着你的跑步训练。所以，为了防止5～10分钟的热身变成30分钟忙于处理各种事情，我建议你准备好了就出门——在播放器里放一首励志的跑步歌曲，出门快走或慢跑，让肌肉热起来。

当你在室外进行5～10分钟的热身时，可根据自己的健康水平，将步行、快步走和轻慢跑结合起来。从慢速行走开始，逐渐增加强度，最后慢跑几分钟。

在这几年跑过几百种不同路线、多次帮助客户做拉伸热身活动之后我发现，不管什么路线，都会有那样一个理想的地方

恶劣的天气

如果天气实在糟糕，你一点都不想出门，那你可以在室内做如下热身活动：

- 上下楼梯十几次；
- 扶着椅子做轻微摆腿；
- 躺着做几分钟“屁股踢”；
- 做几次缓慢的下蹲，确保膝盖不超过脚（你能够看得到脚趾）；在下蹲时臀部向后坐，就像要坐在椅子上一样。

在路上跑

一定要注意。如果你停在一条繁忙的路边拉伸的话，除了汽车或卡车偶然鸣笛之外，可能还会听到一两声“狼哨”。跑者很能吸引司机的注意，所以如果你被要求“跑快点”或者被调戏时，也不要感到惊吓，要么忽略掉，要么做一些合适的回应。

让你在离开家门5～10分钟后便停下来做拉伸活动。可能是不远处的一棵树、公园里的一把长椅、一个路标或者一盏路灯，它们都是停下来做拉伸活动的绝妙地点。

关键拉伸点

好消息是你只需要关注14块关键的跑步肌肉（每条腿7块）即可，它们是：

- 股四头肌（大腿的大肌肉）；
- 腘绳肌（大腿背后的大肌肉）；
- 腓（小腿背后的肌肉）；
- 内收肌（大腿内侧的长肌肉）；
- 臀部屈肌（骨盆前侧肌肉）；
- 臀大肌（主要的臀部肌肉）；
- 梨状肌（臀部深处肌肉）。

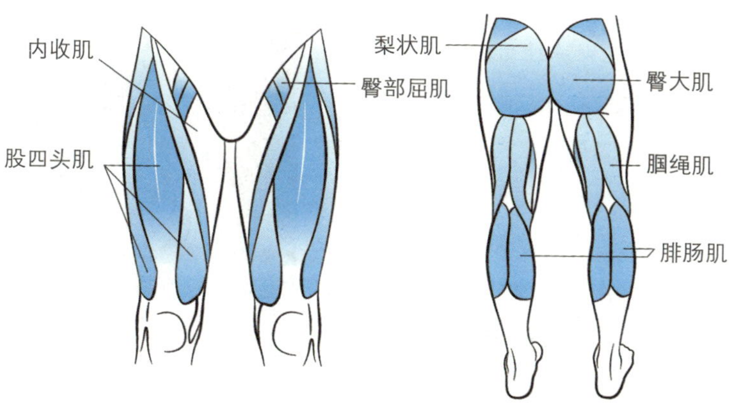

这些肌肉的拉伸有很多不同方式，你可以随意将这里罗列的和其他方法相结合。最重要的是在跑步前确保拉伸了所有关键肌肉，因为跑步主要靠的是它们，它们也是不充分拉伸导致伤害的最大承受者。

股四头肌

股四头肌可能是最容易拉伸的肌肉，有很多种拉伸方式——站姿、跪姿或卧姿皆可。

- 为了确保你做此项拉伸时保持稳定，可以抓住公园长椅或者扶着树和墙。拉伸的时候摔倒会有些尴尬，所以要确保平衡。
- 站直，将手伸到身后，抓住一只脚，缓缓将其靠近臀部，感受大腿前侧的拉伸感。
- 有些人的柔韧性可能会更好一些，如果你的脚已接触臀部，但你没有感到任何拉伸，也是有可能的。如果是这种情况的话，你可以将骨盆缓慢向前转来增加拉伸难度。

“在训练过几次 5 公里和 10 公里项目之后，我发现跑后拉伸真的很重要。在我开始认真地在每次跑后拉伸之后，困扰了我很多年的后背问题都解决了。不管你跑后做什么，都一定要拉伸。”

——萨莉·梅（Sally May）

股四头肌拉伸

- 拉伸15～20秒之后换另一条腿。
- 可以重复两到三遍，直到你的股四头肌感到伸展了。

腘绳肌

你的大腿后侧是大块的腱肌。在跑步过程中它们相当重要，但在匀速长跑中它们通常处于一种“匀速控制”的状态；在爆发性运动（比如加速）中，它们会用处更多。所以如果你是竞技类型的跑者，并希望多一些速度练习，那你要确保自己的腘绳肌得到充分拉伸。

- 如果你在一堵矮墙或公园长椅旁拉伸，你可能会发现，比起把腿放在地板上，把腿放墙上或椅子上要更容易一些（见腘绳肌拉伸2）。
- 把拉伸腿放在前面，微微弯曲另一条支撑的腿，把双手

腘绳肌拉伸 1

腘绳肌拉伸 2

轻柔地放在大腿上。

- 非常缓慢地向前倾斜上身，确保背部挺直。
- 倾斜20度及以上后，你会感到拉伸腿的后侧有拉伸感。
- 保持15～20秒（或者你感觉肌肉变得紧张）后换另一条腿。
- 在拉伸全程中都要确保背部挺直。
- 重复此过程2～3次，直到腘绳肌得到充分拉伸。

腘绳肌附加拉伸

虽然上文的腘绳肌拉伸对于跑前准备来说已经足够了，但这里还有其他一些拉伸方法来唤醒腿部肌肉并使整个神经系统兴奋起来。这些拉伸还有唤醒困倦的双腿（对于晨跑者尤为重要）的作用，同时还能提高心率，让你确实准备好跑步。

- 做下图的拉伸时，抓住牢靠的物体是非常重要的，并确

腘绳肌附加拉伸

腘绳肌附加拉伸

保在你身前身后都没有别的东西。

● 站直，像钟摆一样缓缓摆动一条腿。缓慢开始，每次摆动逐渐增大角度，持续30～40秒。

● 最后，自由摆动，腿部应拉伸充分。

● 每条腿都重复几次。拉伸过后，你的双腿会感到状态良好，已为跑步做好了准备。

腓肠肌

在所有需要注意和拉伸的腿部肌肉中，最应该关注的是腓肠肌。如果在跑前你只能拉伸一块肌肉的话，那就应该是你的腓肠肌。在跑步过程中，腓肠肌承载着重负荷，处于很大的压

小腿肌肉实际上有两块——腓肠肌和比目鱼肌。

大多数小腿肌肉拉伸关注的是腓肠肌，它位于小腿表面，在跑步中负荷更重。但是，比目鱼肌也很重要。充分拉伸比目鱼肌可以防止其缩短或受伤，从而使跑者受益。拉伸比目鱼肌时，将脚放在墙前大约 6 英寸[一]的地方，脚趾向前，缓慢弯曲膝盖。应确保脚跟始终踩在地面上。如果你的比目鱼肌紧张，那当你的膝盖离墙更近时，深层小腿肌肉会有拉伸感。和其他拉伸一样，需保持大约 15 秒后再换另一条腿。

专家建议

[一] 1英寸=0.025米。

力之下。如果你未能合理地或经常地拉伸它们，你就是将自己置身于受伤的危险之中，不管是跟腱炎还是后膝关节疼痛，都有可能发生。

人类的腓肠肌通常很紧，尤其是初跑者和常穿高跟鞋的女性，所以跑前跑后，甚至一天中都可以重复拉伸几次。

- 把双手放到一个牢靠的物体上，比如公园长椅、树或者墙，只要无法移动即可。
- 一条腿向前弯曲，另一条腿向后拉伸，脚跟保持踩在地上。
- 缓缓向前倾斜，后脚跟保持踩在地上，在后的腿伸直。你会开始感到后面那条腿的小腿部分有拉伸感。
- 保持15～20秒后换另一条腿。
- 你可以通过将后面的腿向前移一脚掌的距离并弯曲膝盖来改变拉伸的着力点，但脚跟一定要保证踩在地面上。

腓肠肌拉伸

腓肠肌附加拉伸

当你通过训练取得进步之后，你就会发现你的腓肠肌很容易收紧，因而比其他肌肉需要更多的拉伸。因此，我常常建议跑者每天拉伸腓肠肌，哪怕是在没有跑步的日子。

拉伸的最好方式是在家或办公室做上述运动，或是利用一个台阶做下面这些。

- 在家或办公室找一个台阶，身体面向上楼方向。
- 将一只脚的前脚掌放在台阶上，缓缓向下压脚跟，感受腓肠肌的拉伸感。
- 保持15～20秒，然后换另一条腿。
- 和上一种拉伸一样，你可以在保持脚跟向下压的同时弯曲膝盖来改变着力点。

实用小贴士

如果你发现自己的肌肉特别僵硬，需要用手来帮助拉伸，那你可以借助泡沫轴。

泡沫轴在跑者中越来越热门，因为它能通过一个叫作“肌筋膜自我释放”的过程来帮助缓解 ITB（髂胫束，位于大腿外侧）、梨状肌、小腿肌肉和大腿肌肉的紧张。

这听起来可能有些复杂，简单总结起来就是，使用泡沫轴可以帮你深度按摩并放松肌肉。但是，这个过程并不是没有痛苦的，但可获得的益处要远远大于轻微的不适。

腓肠肌附加拉伸

● 你可以一天重复几次这种拉伸，但记得要循序渐进。

内收肌

内收肌位于大腿内侧，在维持跑步过程稳定中起着关键作用。和腘绳肌一样，内收肌在缓慢匀速的跑步中处于“匀速控制”的状态，但跑得更快时会起不同的作用。如果你计划将间歇训练作为每周训练的关键部分，那么为了避免腹股沟受伤，就一定要使内收肌充分拉伸。

● 站直，面朝前面，一条腿向旁边伸展，同时将脚打开至45度。另一条腿保持挺直，脚尖向前。

内收肌拉伸

- 缓慢将体重转移至弯曲的腿上，你会开始感觉挺直腿内侧有拉伸感。
- 确保髋关节始终向前，以取得拉伸的最大效果。
- 保持15～20秒后换另一条腿。

臀部屈肌

这组肌肉（由三块肌肉组成）可能是你需要拉伸的最复杂的区域，也是最重要的拉伸点之一。与腓肠肌作用基本类似，臀部屈肌负责向上移动你的大腿。在步行、散步和跑步中，你可以把它们想象成驮马。

拉伸小贴士

如果你的训练计划包括混合跑，比如某天做短跑训练、几天后做上下坡跑训练，那么你一定要特别严格地拉伸内收肌。

当内收肌状态良好时，在跑动过程中便是高效稳定的肌肉。但是当它们在高强度训练（比如上下坡跑和短跑）之后过分劳累时，你就更需要在跑步前后充分拉伸它们。

幸好臀部屈肌本身就能承受很高负荷，但保证它们得到充分拉伸仍是很有必要的，因为这可以防止它们缩短及造成一系列伤害——不管是背部疼痛还是肌肉拉伤。

● 跪在地板上，将一条腿向前伸展，保持大腿与上半身、大腿与小腿都呈90度。

● 在这个姿势下，缓缓向上转动骨盆。想想你的骨盆是一只装满水的桶，而你正向后倒一点点水出来。

● 单独转动骨盆会对你后面那条腿的前侧造成拉伸感；如果没有的话，缓慢向前移动整个身体，直到感觉到拉伸。

● 保持15～20秒后换另一条腿。

● 你可以自己选择适用的、更有效的方式，而在上述方法中选择弓步站立，并微微弯曲后面的腿。

拉伸小贴士

如果和很多人一样，你也感受到了腰部疼痛，那这个拉伸就是必需的。其中一块主要的臀部屈肌（名字叫腰大肌）从大腿骨顶部开始运作以附着到下背部的椎骨。如果这块肌肉没有拉伸并缩短的话，不管是因为整天坐着还是跑后，都会造成腰部的压力和极大的不适。

所以，为了腰背部健康，每天拉伸臀部屈肌是很有必要的，这能够有效缓解背部疼痛。不仅是在训练过程中和训练之后拉伸，而是最好一直坚持下去。

臀部屈肌拉伸

臀大肌

臀部大肌肉有很多种拉伸方法，下面这种可能是最易操作的，你也能真实感觉到拉伸。它还有拉伸臀部深处肌肉的附加功能。

正如你所看到的，这种拉伸不方便在路边做，所以你可以在出门前做。记得要缓慢轻柔地拉伸。

- 跪在地板上，缓缓将上身弯至地面，使之处于向上撑起的位置，用前臂支撑，而不是双手。
- 将一条腿的膝关节穿过另一条腿，缓缓伸展，向后伸直。
- 当你将腿伸直时，你会发现自己的臀部缓慢向后移并有舒适的拉伸感。
- 保持15～20秒后换另一条腿。

拉伸小贴士

臀部肌肉很难站着拉伸。而跑者跑前在路边或公园长椅上拉伸臀部肌肉时会感到有些尴尬。所以，你可以在跑步前在家里拉伸。应确保出门跑步前先通过走或慢跑上下楼梯几次让肌肉温暖，然后再做一系列臀部拉伸。

臀大肌附加拉伸

当你在室外不方便躺下拉伸重要臀部肌肉时，此项拉伸可

臀大肌拉伸

使它们充分准备好跑步。

- 站直，扶住一个不可移动的物体，比如墙、树或公园长椅。
- 一条腿踩在地上，膝盖放松，向另一侧抬起另一条腿的膝关节。
- 在拉伸过程中，保持髋关节向前以达到最大化拉伸效果。
- 当你向另一侧抬起膝盖时，你会感觉到那条腿的臀部深处肌肉有舒适的拉伸感。
- 保持15～20秒后换另一条腿。

梨状肌

梨状肌位于臀部深处，负责向外转动髋关节。它在跑步过程中主要用作稳定肌。如果不合理拉伸的话，就可能会造成巨

臀大肌附加拉伸

“我从自己多年的休闲性跑步经验中得到的最大教训是，如果你是那种肌肉很紧、不灵活的人（像我一样），不好好拉伸是迟早会受伤的。慢跑前后花五分钟左右拉伸主要腿部肌肉是非常值得的。如果你不这样做，最后只会追悔莫及。”

——阿里·梅尔文（Ali Melvin）

梨状肌拉伸

大伤痛。

梨状肌离坐骨神经很近，因此如果它很紧张，就会对神经造成很大压力，还会给你的臀部带来疼痛。女性尤其要经常拉伸梨状肌，因为她们的梨状肌更易压迫坐骨神经。

- 仰卧，大腿和髋关节、大腿和小腿之间都保持90度。
- 把一条腿的脚踝放至另一条腿的膝盖上。
- 抓住踩在地面上的腿，使其缓缓向身体移动。
- 你会在另一条腿的臀部感受到拉伸。保持15～20秒后换另一条腿。
- 当你感受到拉伸的时候坚持15～20秒，然后再向前倾斜一些以加大拉伸力度。
- 两条腿交替拉伸，直到你觉得变轻松了。

拉伸小贴士

梨状肌真的是需要充分拉伸的重要肌肉，所以如果你觉得此项拉伸不舒服或太难，也可以做自己觉得容易一些的拉伸动作。克里斯托弗·莫里斯（Christopher Norris）博士的《跑步拉伸》具有很大的参考价值，为你提供很多的拉伸选择。如果你发现自己的肌肉很紧，需要更多帮助性拉伸的话，他的书一定会使你受益匪浅。

案例分析

姓名：艾琳·蔡尔德（Eileen Child）

年龄：62

职业：项目经理

跑步经验：断断续续跑了数十年

我的工作需要一个半小时的车程，而且主要是使用电脑，所以我一直都坐着；而我又喜欢晨跑，所以非常注意确保自己开始跑步前都做了充分拉伸。

原先，我早上习惯于先保证自己喝了足够多的水，然后再做拉伸活动。我一般先拉伸脊柱：十指交叉，充分向上伸展手臂；同时双脚踩实地面。还要在此状态下轻柔地向左右伸展身体。

拉伸腿部肌肉时，我选择每条腿做十次箭步蹲，做箭步蹲时要尽量蹲得更低一些。我接着拉伸小腿肌肉，一腿向后迈，轻微弯曲在前的腿，然后拉伸。我最后拉伸大腿前侧肌肉，单脚站立，向后弯曲另一条腿，用同一侧的手抓住脚，然后向上提。双腿重复做这些动作。这些拉伸方式都是我从健身书籍和训练课程中学到的。

开始跑步时，我都会先跑慢一段，以充分热身肌肉。如果我仍旧觉得没有充分热身的话，我还会在慢跑前再做一些腿部拉伸。跑完以后，哪怕我又热又累，但还是会花几分钟做一些拉伸，还是用前面提到的那些方法。这种习惯避免了伴随跑步而来的疼痛感和僵硬感。

8 防止受伤的练习

我在为此书做调查期间就拉伸问题和很多跑5公里和10公里的跑者进行过谈话，他们都想要知道什么练习能有助于预防像膝盖及髋关节疼痛这类伤害，并摆脱跑步的痛苦。

我碰到过很多在训练中不断与伤痛作战的跑者，还碰到过在一边鼓励着他们的朋友和亲戚参与跑步运动的人。很多旁观者都非常想参加跑步活动，但是因为膝盖或髋关节疼痛而无法跑步，因而被迫退出。

虽然大家遭受这种关节疼痛的原因多种多样，但大多数时候都能通过拉伸和强健腿部关键核心肌肉来避免这些疼痛，所以千万不要丧失希望。

因此，如果你对自己的关节是否能承受5公里和10公里跑的强度有些惴惴不安的话，请继续读下去，看看自己是否能完成梦想，并毫发无伤地完成活动。

此章的重点如下：

- 哪些肌肉容易造成关节疼痛；
- 做什么练习能强化这些肌肉；
- 做什么练习能防止常见的跑步伤害。

唤醒沉睡的肌肉

不管你愿意与否，现代生活都在迫使人们长时间不活动。舒适的办公室、便利的交通工具和我们与生俱来的懒散让我们变成了“沙发土豆”——一种增大我们的腰围、禁锢平衡和消耗我们身体的肌肉的生活方式。

对于心怀梦想的跑者而言，这种不积极的生活方式意味着很多帮助我们跑步、帮助稳定我们身体的肌肉进入睡眠状态，或是变得不活跃且虚弱。虽然这种虚弱感并不会立刻显现出来，但却是使那么多跑者受伤和未能从训练和活动中获得最大愉悦感的原因。

接下来，我们来看一些常见的虚弱肌肉。

核心肌肉

“核心”一词在健身界有几分流行语的意味，但关于“核心”的界定及它在帮助身体合理运作的机理方面还很不明确。

在此书中讨论“核心”的细节以及它如何影响身体移动就太技术性了。接下去的内容仅仅总结了你在为跑步活动训练时需要理解的东西。

从本质上说，核心肌肉在跑步过程中帮助躯干部分保持稳定，并在支撑和保护脊柱和骨盆上起至关重要的作用，有点像束身衣的作用。据估计，因为不运动，超过90%的人的核心肌肉都处于沉睡状态。而且，特定练习的缺乏让身体暴露在一系列的伤害中——从背部疼痛到髋关节疼痛。幸好只要做少量练习就能唤醒深度核心肌肉，并防止其受伤。

臀部肌肉

你可能不常听到这个说法，但其实很多人的身体后侧都没有得到充分唤醒。如果没有经常合理拉伸的话，你臀部的肌肉很容易陷入睡眠状态，这会对骨盆稳定性和背部健康造成严重影响。

你的臀部肌肉在保持骨盆区域稳定方面十分重要，因此如果你坐在车里或者整天坐在办公室里，它们就会陷入睡眠，从而减少对骨盆的支撑。这对于你的5公里或10公里的训练来说绝非好事。

另外，保持臀部肌肉强壮活跃对于治疗和防止背部伤痛都是很重要的。所以，如果对背部能否承受定期跑步的严酷性感到不安的话，做一些臀部练习就好。

训练是为了收获，而不是疼痛

现在你应该对为什么在跑步之外要做特定练习有个概念了，接着看下去，选择一些你觉得对你的训练和潜在的问题有帮助的练习方法。它们可能不适用于所有情况，但本书选择的都是被公认为可帮助跑者克服令人讨厌的、可避免的伤害的练习。

对大多数练习来说，你有两种选择。

1. 始终从练习1开始，慢慢进入练习状态，轻柔地增强肌肉。

2. 大约一周以后，一旦你觉得自己已经进入状态并变得强壮些了，便可以开始做练习2。练习2更剧烈且难度更大一些。

全面适用

除非你有足够的时间准备比赛，否则在原计划的训练周中加入这些练习似乎是不可能的。然而，这些特定练习就是为时间紧张的人准备的，你会发现每一项练习都能在客厅或电视机前完成。

那么，为什么不一石二鸟呢？你完全可以一边看电视一边锻炼核心肌肉和臀部肌肉。

如果你在做任何一项练习时都感觉到剧烈的关节疼痛，就要马上停下来，并放弃那项练习。这些练习加剧疼痛的原因有很多，但只要你感觉不舒服就放弃。

用健身球

要是你不想或者没有时间去健身房或跑步，那下面的大部分练习都很合适，因为不需要任何设备。至于那些需要辅助性设备的练习项目，你很容易就能在家里找到替代健身房设备的东西。

就本章而言，如果你打算买辅助加强练习的设备，我强烈推荐你买一个健身球。

自20世纪90年代初期诞生以来，健身球（或者叫瑞士球、练习球）已成为你能买到的最全能的设备。当你在商店思索10美元能买什么的时候，健身球是一个合理的投资。如果你没有

用过健身球的话，选择尺寸就是一件难事。但对于绝大多数人来说，直径55厘米是较为理想的。如果还有疑问，选个小一点的总归是更保险些。

简单罗列一些健身球的好处：

- 提高柔韧性
- 提高核心力量
- 提高身体的整体力量
- 均衡训练
- 活动脊柱（提高脊柱柔韧性）

在本书中，我增加了一些用到健身球的练习。但请记住，健身球不是必需的，所有的练习都能不依靠设备单独完成。

开始练习吧

桥式

你有很多种方式做此项练习，不管是在家还是在健身房都可以。它也是紧实臀部肌肉，唤醒它们使其帮助稳定骨盆和防止受伤的最好方式之一。

桥式1

- 仰卧，膝盖弯曲，双脚踩实地面。
- 在两膝之间放一个小足球大小的垫子或球，轻轻挤压。
- 双脚踩实地面的同时慢慢将臀部抬起6～8英寸，保持几秒。
- 慢慢将臀部下移至地面，保持垫子或球轻微受压。
- 做三组“抬臀”，每组15个，做完一组休息1分钟。

桥式2

- 和桥式1一样，仰卧，膝盖弯曲，双脚踩实地面。
- 在两膝之间放一个小足球大小的垫子或球，轻轻挤压。

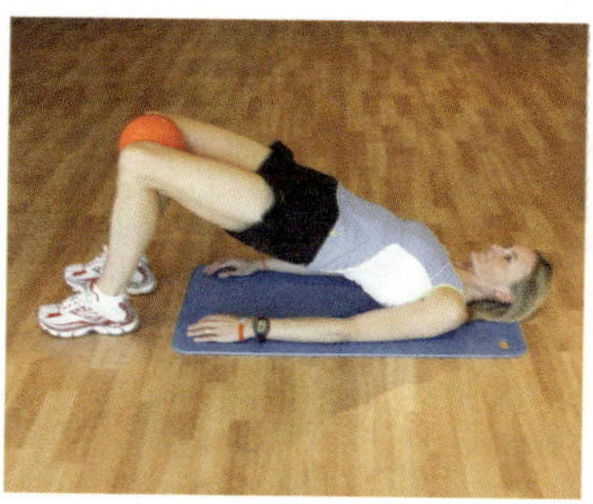

桥式 1

桥式 2

强化小贴士

如果你能毫不费劲地完成桥式 2 并渴望更多挑战以锻炼臀部肌肉，还可以踩在稳定球上来增加难度。动作基本和桥式 1 一样，只不过你要把脚踩在稳定球上，而不是地上。球面的不稳定性为臀大肌提供了一个有效的锻炼机会，也是继桥式 1 和桥式 2 练习之后的有效进阶。如果想进一步提高难度，可在做桥式 2 的时候将一只脚踩在稳定球上。

- 向上伸直一条腿，另一只脚踩实地面。
- 确保轻轻挤压垫子或球，保持骨盆处于身体正中位。此姿势可帮助定位到臀部肌肉并提高骨盆稳定性。
- 每条腿做15次“抬臀”，双腿交替各做三组。

桥式（借助健身球）

- 头靠球，颈部支撑，臀部与地面平行，双脚与臀部同宽，双手叉腰。
- 保持健身球静止，将臀部向下沉6～8英寸，再向上抬。
- 确保双脚踩实地面，在上下移动臀部的时候推动脚跟（这可以保证你的臀部肌肉得到有效锻炼）。
- 做三组，每组15次。
- 若要提高难度，可以缩小两脚间距，让它们在可接触的位置，或者抬起一条腿；再或者躺在地上，把脚放在球上。

桥式（借助健身球）

下蹲

下蹲是极好的腿部整体练习，对强化臀部和大腿肌肉尤其有用。你可以随意选择练习地点。如果你喜欢挑战自己的话，也能随意增加难度。

下蹲1

- 面朝前站直，双脚与臀部同宽。
- 缓缓下蹲，就像坐在椅子上一样。
- 下蹲的时候确保膝盖没有超过脚尖，并保持在你的脚踝位置（你应该能看到自己的脚趾）。
- 至少下蹲45度（别超过90度），然后站起，尽可能地将重心移至脚跟。
- 确保身体始终向上，记得臀部要向后用力。

● 重复三组，每组15次，每组之后休息2~3分钟。

下蹲2

● 找到你可以扶住的物体，比如墙或门。

● 与下蹲1一样，面朝前站直，双脚与臀部同宽，但此练习需抬起一条腿。

● 确保身体平衡，缓缓蹲下，确保膝盖没有超过脚尖，保持背部挺直。

● 由于此练习比下蹲1难很多，你会发现蹲低一点几乎是不

下蹲 1

下蹲 2

下蹲小贴士

为了确保下蹲时你的膝盖在正确的位置，你要保证下蹲和起立过程中膝盖中心以第二个脚趾（大脚趾旁边）为轴移动。

可能的，所以要尽量小心，只在自己觉得舒服的时候蹲得更低一点。

- 重复3组，每组10～15次，做完一组后休息2～3分钟。

下蹲（借助健身球）

借助健身球下蹲的好处在于健身球能帮助背部挺直，并能更正确有效地进行练习。

- 找一面坚固的墙，把一个小型的球放在背部，这样会舒服一些。
- 站姿同上述蹲式一样，双脚与臀部同宽，但不要完全站直，双腿稍微向前一些。
- 把球作为支点，缓缓下蹲，使双腿超过90°，再次确保膝盖没有超过脚趾。如果超过了的话，把脚稍微往前移一些。

下蹲（借助健身球）

- 确保将体重移至脚跟以增大臀部压力。好好享受吧！
- 重复3组，每组10～15次，做完一组后休息2～3分钟。

俯卧抬大腿

下述练习都是瑰宝一般的存在，因为它们不仅致力于练习臀部肌肉，还有帮助强化背部肌肉的功效。

注意：做这些练习的时候，你会感觉到自己的背部肌肉在用力，这可能会有点不舒服，如果你感觉到疼痛的话，就立刻停下来。

抬大腿1

- 俯卧，头枕在双手上。
- 一条腿屈膝至90°，另一条腿保持挺直。

抬大腿 1

● 骨盆保持在地面，缓缓抬起屈膝腿的大腿几英寸，保持一两秒，然后缓缓放下。

● 重复3组，每组15～20次。

● 为了节约时间，你可以双腿交替进行，这样一条腿抬起15～20次后能马上换另一条。

抬大腿2（借助健身球）

借助健身球做抬大腿练习比在地面上要难得多，第一次尝试的时候要小心一点。如果你背部感觉疼痛，就马上停下。

● 趴在球上，下腹部置于球中央。

● 一条腿屈膝，另一条腿保持挺直，借助双手的力量防止球向前滚动。将弯曲腿的大腿部分向上抬，抬离水平线即可，保持一两秒，然后缓慢放回。

抬大腿 2（借助健身球）

● 两腿交替重复3组，每组15～20次。

● 你可以随意增加多样性，每次重复后换腿。这有助于同时锻炼臀部肌肉和核心肌肉。

核心练习

腹部排空

也被称为“四点式腹部真空试验”。这个练习旨在唤醒沉睡的深度腹部肌肉，使之在跑步训练中积极保护你的后背。最好是以跪姿进行，在任何地点、任何时间都可以做，不管是站着做晚饭的时候还是开车上班途中皆可。它有点难以掌握，但一旦掌握了就不会再有任何问题。

腹部排空1

● 跪姿，手臂与地面垂直，大腿与地面垂直。

● 保持背部挺直。如果在背上放一根杆子的话，杆子应该是与地面平行的，并且能同时碰到你的头、上背部和臀部。

● 深吸一口气，让腹部向地面鼓出。

● 保持背部挺直，呼气，向内缩紧肚脐并保持。

● 尽你所能地保持腹部的收紧状态，然后吸气并重复此过程。

● 重复2～3组，每组10～15次，做完一组后休息2～3分钟。

腹部排空2

在你掌握了如何有效排空腹部的方法后，你就能做此项练习了。此练习也被称为“马式”，看起来虽然简单，但实际上

腹部排空 1

腹部排空 2

比很多人想的要难，要做好的话是很有难度的。只要你肯花时间练习，它就一定能强化你的核心肌肉，并在训练中保护你的后背。

- 和腹部排空1一样，跪姿，手臂与地面垂直，大腿与地面垂直，保证背部在整个过程中都保持挺直。
- 深吸一口气，让腹部向地面鼓出。
- 保持背部挺直，呼气，向内缩紧肚脐并保持，做整套的动作时保持此状态，同时正常呼吸即可。
- 抬起一只手，稍稍抬起另一边的膝盖（小于半厘米）。
- 保持10秒，然后换另一边。
- 重复2～3组，每组10次，做完一组后休息2～3分钟。

如果一开始没有成功……

在收腹的状态下呼气一开始会让人觉得很奇怪，因为跟通常状态是完全相反的。大多数人习惯于吸气的时候收腹，尝试着做相反的事就像在拍头的同时揉肚子一样。尽管很难，但只要你坚持就一定能做到。

拉伸小贴士

如果你是初次接触“腹部排空”的概念，那它可能有些难以理解，你会怀疑自己做得是否正确。排空腹部的最佳姿势是跪姿。不过一旦掌握后，不管是站着、坐着还是倒立状态都能轻易练习，但大多数人还是认为跪姿最容易。

下腹部练习

关于下腹部的争议颇多，有些专家声称根本没有下腹部肌肉，所有腹肌都是相同的。

我个人认为下腹部是存在的，如果它们未受训练、很虚弱的话，就会引起相当严重的骨盆失稳问题，因为你的身体不能协调腿部运动与骨盆稳定之间的关系，这会造成一系列问题，尤其是腰部疼痛。

下腹部练习1

- 平躺在地面上，屈膝至90度，双脚踩实地面。
- 单手或双手放在背后，向腹部排空练习一样收腹。
- 缓缓抬起骨盆，将压力移至双手（但别太使劲，保持在血液供给充分的状态）。
- 保持10秒后放松。
- 重复10次，做完一次后休息2～3分钟。

下腹部练习2

● 和下腹部练习1一样，平躺在地面上，屈膝至90度，双脚踩实地面。

● 双手放在背后，收腹，缓缓向前移动双脚，不要减少施于双手的压力。

● 刚开始时双脚只能前移几英寸，等你变得更强壮后就能伸得更远了。

● 每个姿势保持10秒，重复3次，做完一次后休息2~3分钟。

不要放弃

可能从旁观者的视角来看，除了在做很多人认为极难的腹部练习之外，你一无所获。在做腹部排空练习的时候，只要你转动骨盆、按压双手，就会感觉到下腹部肌肉变紧实了，而且开始为保持骨盆稳定服务了。如果你感觉腹部在抖动，不要惊讶。

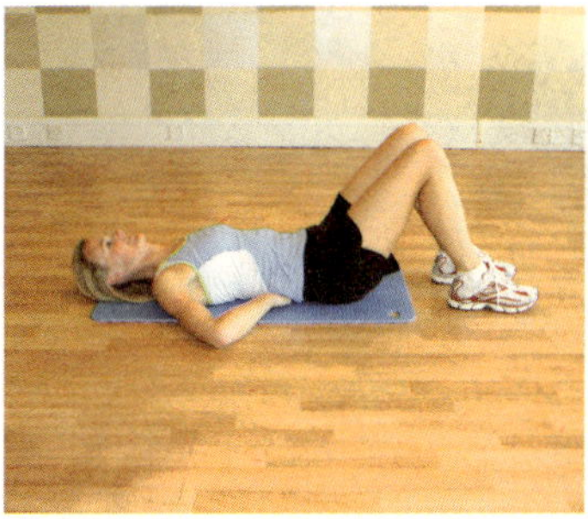

下腹部练习 1

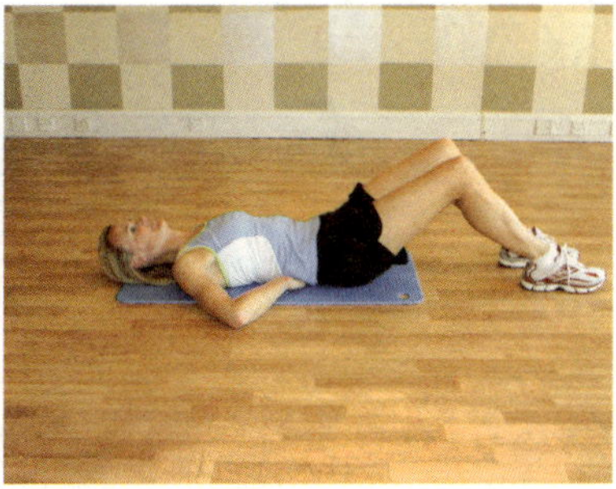

下腹部练习 2

双腿侧抬练习

此项练习也属于那种看起来简单而做起来难的。双腿侧抬练习对强化腹部两侧肌肉极有好处，而腹部两侧肌肉在跑步训练中能帮助支撑躯干。双腿侧抬练习还有帮助臀部肌肉保持美观和强壮的附加功效。

双腿侧抬练习1

- 侧卧在柔软的毯子或垫子上，头枕在手臂上，双腿保持挺直。
- 保持骨盆稳定，缓缓抬起双腿至离地面1或2英寸处，保持几秒。
- 缓缓将双腿放回地面，重复10次。
- 两边各做3组，每组10次，做完一组后休息2～3分钟。

双腿侧抬练习 1

双腿侧抬练习2

- 与双腿侧抬练习1一样，侧卧在柔软的毯子或垫子上，头枕在手臂上，双腿保持挺直。
- 缓缓抬起双腿至离地面几英寸处，然后将在上的腿再向上抬几英寸。
- 保持骨盆和上半身不动，前后摆动双腿，就像剪刀一样。
- 前后摆动10次然后换另一边。
- 两边各做3组，做完一组后休息2～3分钟。

双腿侧抬小贴士

做此练习时想要保持身体不动是很难的，尤其是在双腿移动的时候。你可以把在上面的手放在地上支撑一下。当你变得更强壮之后，你会发现自己的稳定性有所提高，就不用再借助那只手来防止翻倒了。

双腿侧抬练习 2

腹肌增强训练

强化腹肌的训练太多了，为了节约猜测哪种更适合自己的时间，我在这里选了两种我最喜欢的。

虽然以下两种腹肌练习没有借助任何设备，但实际上它们也能借助健身球进行练习，只要练习的时候把脚放在球上即可。球面的不稳定性能进一步增强核心肌肉的训练力度。

腹肌增强训练1

● 俯卧撑姿势，双手与肩同宽。

● 保持脊柱笔直，让后脑勺、上背部和臀部在一条直线上，尽可能久地保持此姿势。

● 一旦你觉得自己的背部倾斜或者腹部承受不了了，就停

腹肌增强训练 1

止，休息2～3分钟后再重复。

- 做5～10次。

腹肌增强训练2

- 与腹肌增强训练1一样，保持俯卧撑姿势，双手靠在一起，用大拇指和其他手指摆出三角形。
- 保持脊柱笔直，让后脑勺、上背部和臀部在一条直线上，并尽可能久地保持此姿势。
- 一旦你觉得自己的背部倾斜或者腹部承受不了了，就停止，休息2～3分钟后再重复。
- 做5～10次。

腹肌增强训练 2

你可能不熟悉这些腹肌增强练习。虽然它们确实很管用，但你还是可以再做其他一些常规腹部训练。这些年，多数人去健身房做的传统仰卧起坐在强化腹部肌肉方面仍旧是很有效的，而且还能帮助防止肋肋部疼痛。如果你不确定如何正确做仰卧起坐的话，可以咨询健身教练，寻求他们的建议。不正确的训练比不训练更糟糕。

拉伸小贴士

如果你的大腿或臀部屈肌过紧，你就会发现自己无法把腿抬得很高。如果你是这种情况的话，一定要确保自己在训练前充分拉伸了这些肌肉。你还应该知道的是，在做抬大腿练习时，腿部挺直或弯曲皆可。记住，所有练习一定要确保在自己力所能及的范围之内，不要操之过急，你的双腿越有力越好，骨盆越稳定越好。

9 补充能量、跑得更快

且不提训练的质量如何，如果要在准备活动和跑步训练日中取得好的效果，储备高品质的营养至关重要。

人如其食

说到各个项目的训练，比如5公里跑或全程马拉松，许多跑者都忘记了合理膳食的重要性，反而把大部分时间花在训练计划和路程计算上。

关注训练固然重要，而饮食也同样需要注意。高质量的营养餐在日常生活中都很重要，更不用说你每周还要跑数十公里的路程了。所以要尽量遵循本章的指导，给身体补充适当的能量，让自己精力充沛。总之，人如其食！

只需遵循几条简单的膳食指导，就能直接影响能量储备程度；这还可以帮助你每周坚持训练，为你辛劳的双腿提供大部分的能量。

需要“消化”的一些食物常识

饮食得当的难点在于，一些我们认为很健康的食品往往富含脂肪或盐，或者含有大量的糖分。如果你过着那种久坐的生活，那就很糟糕了；但如果你在训练跑步，那么其对你训练的感受就可能有极大的伤害。

为了让你对这些不易察觉的麻烦有个概念，我找出了一些典型的例子，还有一些可能让你大吃一惊的例子。

- 一个巨无霸汉堡大约含有 490 千卡[⊖]——为了消耗掉这么多热量，你需要跑 5 英里左右。
- 大杯的星巴克拿铁咖啡含有 223 千卡——要燃烧掉这些能量，至少要跑 2 英里或者 20 分钟。
- 一小杯（175 毫升）的葡萄酒大约含有 150 千卡——所以只要喝两小杯，就要跑约 3 英里才能消耗掉。
- 甚至几根“健康饮食”的香肠可能也含有每天建议摄入食盐量的 1/3。

⊖ 1千卡=4186焦。

燃烧这些热量

显而易见，在训练期间，你每天消耗掉的能量也会远多于开始跑步训练前。

每一天？没错，每一天。甚至在休息日也是。

这一点常常会让刚入门的跑步新手（或者竞走项目）感到不可思议，但是事实的确如此：当你开始规律的训练，为了让身体适应增加的负荷，新陈代谢就会加快。

跑步结束以后，你的新陈代谢速率在起初两小时内会大幅增加，在24～48小时内都有略微提升，提升程度取决于你跑步的速度和消耗。所以，虽然这个听起来不像是真的，但事实就是这样：在辛苦的跑步训练结束后的一天里，你哪怕在休息都是在燃烧热量——你在吃饼干时的负罪感是不是小了不少？

一开始，特别是初入门的跑者，他们可能不会注意到新陈

解释新陈代谢机理

简单地说，你的新陈代谢机制或者代谢率，是描述食物转化为能量，保证身体保持最佳运转状态的过程。如果深入研究新陈代谢，你会遇到像“基础代谢率”和“静息代谢率”这样的名词，不过为了减少不必要的困扰，只要把它看作是身体发挥生理机能所需的能量大小就可以——从呼吸到思考，再到肾功能，所有器官都要特定的能量才能在最佳状态工作。当你开始训练时，额外的能量会提高你的代谢率。

代谢的变化，但是过了几周，当你发现以下情况时千万别惊讶：

- 在休息时，感觉自己比开始跑步前暖和不少；
- 感到饥饿的次数增多
- 感到充满活力，精力充沛。

不得不说，训练导致新陈代谢加快的感觉非常好；此外，新陈代谢的加快有利于身体消耗多余的脂肪，这让整个艰苦的训练过程更加值得。

要多少能量？

你知道训练中需要补充多少能量吗？这不是一个容易回答的问题。因为每个人所需要的能量都不同。由于跑者的肌肉密度、运动强度和基因各有不同，所以每个人需要的能量也略有不同，所以给出确切的数字几乎不可能。

多年来，运动科学家已经努力尝试过，想得出一个公式来告诉人们他们的静息代谢率是多少，但是大多公式都不准确。诸如

根据世界著名的运动理疗医师大卫·科斯蒂尔（David Costill）和杰克·威尔默（Jack Wilmore）所说，一名 13 石（1 石 =6.35 千克）重的男子以每公里 6 分 23 秒（9.4 千米 / 小时）的速度跑步，每分钟大约燃烧 14 千卡，一名 10 石的女性以同样的速度跑步，每分钟大约燃烧 11 千卡。

专家建议

体重除以2再除以11（女性），或者体重除以2再除以12（男性）的估算都不错，但是除非你是职业运动员，否则知道这个数字也基本没什么用。

初学者和刚刚开始训练5公里或10公里跑的新人，尽量不要过于执拗地想知道自己在训练中到底需要多少能量。和马拉松比赛不同，除非你遵循着非常糟糕的食谱或者吃得很少，否则你的身体都会储备足够的能量，哪怕最长和最艰苦的训练都能坚持下来。

此外，消耗了多少能量并不重要，重要的是消耗了哪种能量。柴油车装满了无铅汽油也开不了多远，人的身体也一样。人需要特定种类的“燃料”继续前进以及满足训练的要求。油箱加错了油，你可能在一开始训练时就发现自己步履维艰。

饮食：为了补充能量

训练中，身体会把食物转化为能量，用这些能量支持你的每次跑步训练，从一开始的10分钟慢跑开始，到最后的10公里训练为止。

问题在于，为达到训练的最佳状态，选择最佳食物种类时，你很容易被自己的身体所欺骗。身体适应不足、劣质营养品的能力太强，所以有时很难知道你是否在吃有利于跑步训练的食物。

汽车只有加特定的一种燃料才能发动，而人体则会尽己所能地将所有食物转化为营养素，让心脏跳动、头脑思考、双腿跑动。但是，虽然这个看起来是鼓励自己在训练时去肯德基大快朵颐，但是身体对于劣质食材的处理也仅此而已了。高盐分、高脂肪的鸡腿的能量可以支持你的下一次跑步训练，但是能量完全不足，你很有可能在训练中感到无精打采，双腿如同灌了铅一般。

不要低估健康饮食和选择适当种类食物的重要性。吃了劣质食物以后再跑步固然可以，但是其效果与你适当饮食之间的差距会让你认真考虑油腻的汉堡是否真的值得吃。

所以，让我们看看你应该吃什么，以及最重要的：为什么要吃这些。

碳水化合物

这个词可能让阿特金斯食谱（低碳水化合物饮食法）的追随者们感到害怕，但是富含碳水化合物的食物能提供保证每周训练的能量。

如果没有碳水化合物，你的双腿会迈不开步子，只会瘫倒在地，因为血糖过低会引发一系列症状，如头晕目眩。这本书不是来讨论低碳水化合物饮食法的利与弊，但是我强烈建议，如果你非常信服低碳饮食，那只能说现在不是时候。每年，在圣约翰急救中心的志愿者所救治的在跑步中病倒的跑者中，有一大部分是因为低血糖。而如果你遵循正常的食谱，就可以避免这个问题。

选择哪些碳水化合物?

碳水化合物以各种形式存在于各种食物之中，从甜腻的零食到粗粮，超市的货架上可以找到各种各样的碳水化合物。这让人无从选择，也很难知道哪种最适合为长跑训练补充能量。

所以，为了帮助解决这个问题，接下来对于不同种类碳水化合物的总结强调了有哪些应该吃，有哪些应该从日常饮食中去除。

复合碳水化合物：你的朋友

复合碳水化合物是那种你必须每天都要吃的食物，因为它能为训练提供充足的能量。复合碳水化合物给身体提供可持续整天的、源源不断的能量。最流行的选择如下：

- 面包、米饭、意面——棕色最佳，因为包含更多膳食纤维
- 土豆（烘焙、新鲜的或是甜的——不是薯片！）
- 燕麦
- 谷物

这些选择都非常不错，能补充能量，保证每周跑3~4次，但是注意不要过度。你是规律训练，但并不意味着要食用大量富含

碳水化合物的食物才能坚持下去。人体能非常高效地在肝脏和肌肉中储存碳水化合物，随时准备着提供必要能量，所以如果你每天吃适当数量的碳水化合物，你的能量储备就会非常充足。

别忘了蔬菜

很多人都不愿意把以肉食为主换成以素食为主。但为了健康着想，一周1到2次地吃“一荤两素”还是值得考虑一下的。

素食餐能加快纤维素的消化，保持稳定状态；而且不同颜色的蔬菜中蕴含的重要抗氧化素能增强免疫力、预防癌症。

就算你非常喜欢吃肉，吃素也不会是件难事，盘子里没肉也不会难受。应做到以下几点：

- 烤蔬菜：把所有想得到的蔬菜都扔进烤盘，洒上橄榄油和香醋，在烤箱里烤40分钟。大蒜、洋葱、南瓜、西兰花和甜土豆可以让这道菜非常健康又美味，何不一试？
- 阔恩素肉：这是种被严重低估的肉食替代品，而且它和真肉吃起来完全一样。它是素菜蛋白做成的，富含营养，是一

碳水化合物过量

你的肌肉和肝脏能够储存大约500克的碳水化合物，这能够保证你跑18英里。在这个距离，马拉松运动员往往会遇到瓶颈，身体不得不依赖于替代能源才能让双腿继续奔跑。

5公里或10公里项目的跑者只要平衡膳食，不要胡吃海塞，碳水化合物的含量就不会急剧下降。

虽然这个数据会因为性别、体重、体型和跑步速度的不同而有很大区别，但是在5公里或10公里跑中，身体用来补充能量的碳水化合物分别为125克到225克。快节奏的10公里跑中也不会用光身体储存的碳水化合物的半数以上。所以在胡吃海塞以前，再考虑一下吧。

种美味的肉类替代品，绝对能让你大吃一惊。

- 炒蔬菜：这是另一种在不吃肉的情况下使蔬菜呈现出绝佳口感的好办法。只要有蔬菜、辣椒和油就可以炒出好菜来，所以去厨房开动起来吧！

糖类：我们的敌人

高糖分的零食虽然好吃，但是应该尽量不吃。虽然高糖分食物，比如饼干、蛋糕和点心都富含碳水化合物，但是它们所含的种类不对，还常常带有不必要的高脂肪。

糖类的问题在于容易被人体分解，很快用作能量使用。这听起来不错，但实际上，人体的血糖会升高，而为了在肌肉和肝脏储存这些糖分，人体还会分泌过多的胰岛素。如果已经储存满了，糖分无路可去，就只能以脂肪的形式储藏下来。

所以，虽然不指望你能在训练中完全远离零食，但还是吃得越少越好。如果糖类的诱惑你无法招架，或者你无法拒绝最爱的巧克力棒，那就留到训练结束以后再吃。这样，转化成脂肪的糖类就会少得多，还能补充在跑步中消耗掉的碳水化合物。

蛋白质

虽然富含蛋白质的食物在身体对抗强的运动（如橄榄球、拳击和举重）中应用更多，但是跑者也需要摄入高质量的蛋白质，以撑过艰苦的训练周。

蛋白质在人体中作用很多，但是对于跑者来说，蛋白质的作用在于提供腿部肌肉在恢复时所需的营养素。如果饮食中蛋白质不足或质量低下，就会严重限制训练后身体的恢复能力，让未来的跑步训练更加艰难，还更容易受伤。

记住，人体善于把吃下去的任何东西消化，用来保持人体运转。但如果你摄入的蛋白质数量、种类不足，人体就只能从其他地方“借”蛋白质，

在短期内进行弥补。长此以往，特别是参加跑步运动训练的人，他们的免疫系统会减弱，身体恢复能力也会受损。所以，虽然你可能不想把自己练成世界上最强壮的男人/女人，但仍要尽量保证饮食中有优质蛋白质。好的选择如下：

- 切片的肉，如鸡肉、猪肉和牛肉（建议蒸，不要翻炒）
- 新鲜鱼类

饮食均衡意味着要包含数量足以满足日常需求的蛋白质。但如果你平时工作繁忙，常常不吃饭，那就有必要看看自己摄入的蛋白质是否充足。

虽然蛋白质的建议摄入量因人而异，但知名营养师安尼塔·比恩（Anita Bean）还是建议长跑运动员需要体重数×1.2g的蛋白质。所以，一名体重60千克的跑者每天需要消耗的蛋白质就大约为72克。

为了让你有一些概念，以下是一些常见食物的蛋白质含量：

- 130克鸡胸肉——39克
- 100克金枪鱼罐头——24克
- 150克烤鲭鱼——31克
- 1品脱[1]脱脂牛奶——20克
- 1个中等大小的鸡蛋——10克
- 150克原味酸奶——8克

专家建议

[1] 1品脱=568.26毫升。

- 鸡蛋
- 乳制品（适度）
- 坚果和种子
- 豆类（加入汤或沙拉中）

脂肪

西方人的腰围不断增长，原因很多，有缺乏运动，有食欲过强……但如果要找一个最主要的原因，脂肪肯定在名单之首。

每克脂肪含9千卡热量，是我们能吃到的食物中含热量最多的。脂肪导致我们身形走样，腰背和臀部的曲线消失，还会影响人体的内部健康。高脂肪饮食会导致冠心病，所以脂肪的摄入是最需要控制的。

高碳水化合物的饮食会导致许多疾病，如果我们想后半辈子无灾无病，就一定要控制饮食中的脂肪。

好消息是，训练能够把腰部和动脉中的脂肪化为能量来支持跑步。此外，你的身材越健康，身体使用脂肪补充能量的能力就越强。所以，随着时间推移，你的训练将会对身体上那些容易携带脂肪的烦人部位产生巨大的改变——腰间、大腿、手臂和臀部。

脂肪：有好有坏也有丑

脂肪对动脉和腰围危害很大，但如果规律食用的话，它也有优点。

好脂肪：不饱和脂肪酸

不饱和脂肪酸（比如富含脂肪的鱼）往往包括Ω-3脂肪酸和Ω-6脂肪酸等。这些复合脂肪酸对人体健康很有帮助，可以润滑关节、提升大脑功能，消除炎症等。解密Ω-3脂肪酸和Ω-6脂肪酸这些有益脂肪酸的研究越来越多，科学家找出了它们的更多好处。

所以，在痛斥所有油腻食物以前，要尽量多吃那些富含不饱和脂肪酸的食物，尤其是富含脂肪的鱼，每周至少两次，以保证心脏和关节的健康。富含不饱和脂肪酸的食物包括：

- 三文鱼
- 马鲛鱼
- 沙丁鱼
- 金枪鱼排
- 亚麻籽油（最好用于拌沙拉）
- 菜籽油（最好用于拌沙拉）

坏脂肪：饱和脂肪酸

不幸的是，在西式饮食中，我们想避免的坏脂肪普遍存在。炸鱼、咖喱、比萨和香肠中都含有饱和脂肪酸，而且其热量不足以让你跑完马拉松。

既然已经选择了训练5公里或者10公里跑，那么这就意味着你要增强心脑血管功能，减少体内的胆固醇含量。若少吃饱和脂肪酸，你便能事半功倍，那为何不用12周左右的训练时间采用更加健康的生活方式，在饮食中少吃一些（不是一点不吃）

饱和脂肪酸呢?

听起来很难?知道方法就很容易了。何不试试以下提示,你能在几个月中大变样。

- 减掉猪肉/羊肉上的肥肉。
- 每周将1~2顿多脂肪餐(香肠、土豆泥或比萨)换成健康的水煮新鲜土豆和油性鱼类(三文鱼或金枪鱼)。
- 香肠、汉堡、薯条和牛排烤着吃。你会惊奇于自己除去了多少脂肪——脂肪在平底锅里比在你身上好。
- 选择低脂乳制品(如脱脂牛奶)。喝起来可能有点没味道,但是过几天以后你就会适应,牛奶的味道就像奶油一样。
- 少吃高脂肪食物,如黄油、奶油和奶酪——或者吃低脂版。
- 每周一到两次的以肉食为主的饮食改为素食,加强纤维摄入,丰富饮食结构。

以上所有提示只需要做一些微不足道的调整,在这一周中你的热量摄入量就将有明显的变化;而且在你发觉之前,饮食和训练已经让你减掉了多余的体重。

丑陋的脂肪:反式脂肪酸

如果说饱和脂肪酸是恶魔,那么反式脂肪酸就更是恶魔的鼻祖——因为它们更加糟糕。反式脂肪酸藏匿于多种食物中,比如奶油、快餐,而且比饱和脂肪酸更难找。许多产品都不标清楚是否含有反式脂肪酸,你在吃饼干或奶油时几乎无法知道其是否含有反式脂肪酸。

如果有疑问，最好的办法就是避免食用任何含有“硬化油脂”的食品，因为这些食品中肯定含有反式脂肪酸。

一切适度

除非你是那种一秒定胜负的顶尖运动员，否则对过嘴唇的所有东西都异常关注是没有必要的。作为一名还要养家糊口的新手跑者，你不必过于关注自己每天是否达到了蛋白质、蔬菜、碳水化合物和非饱和脂肪酸的摄入要求，这并没有工作和社交那么重要。

参加5公里或10公里跑并不像马拉松那样接近人类的生理极限；而在马拉松中要跑完全程，正确补充营养是非常重要的。

对于这本书的大多数读者来说，遵循健康、均衡的饮食方案，以及本章列出的一些提示，就能高效地训练和赛跑，所以最好不要陷在书店和网络上各种各样的营养信息里。总的来说，营养不只是运动营养学，这是一个陷阱，你学的越多，越觉得困惑和矛盾。

以下是我总结的5条不需花费太大代价就可提升饮食质量的建议：

- 吃的蔬菜颜色不同，保证你能摄入不同的维生素和矿物质。
- 尽量蒸或烤红肉或鱼肉，这会减少脂肪含量，帮你减肥——使跑步更轻松
- 一周里的每一天都吃不一样的水果，不要坚持吃一种自己偏爱的——大多人爱吃苹果和香蕉。别忘了，猕猴桃、梨、甜瓜、菠萝和草莓也都是美味的水果。
- 如果可以的话，把用白面做的食品换成黑面或其他粗粮，比如面包、米饭、意大利面等。粗粮的纤维素多，控制血糖能力强。
- 试试不同的菜，比如鱼。一旦你成功做出一道健康美味的鱼，你就会有信心一直做下去。烤鳟鱼和烤牛排一样简单，但很多人却望而生畏。

如果你想了解更多在跑步中补充能量的内容，建议读安尼

对于吸烟喝酒人士的忠告

我们多少都抽烟或者喝酒，虽然不至于让你们放弃，但既然你已经开始常规体育训练了，那也是时候控制一下坏毛病了。

虽然你可能没有感受到一边进行常规训练，一边偶尔喝啤酒/红酒，每天抽几根烟有什么副作用，但我敢保证，你如果控制一下，腰部和肺部的情况就会好得多。酒的脱水效应、吸烟数不尽的健康危害不仅会让训练非常艰难，还会产生潜在危险。所以如果还在给戒掉坏习惯找理由的话，为什么不现在就试着戒掉呢？时机再合适不过了。

塔·比恩（Anita Bean）所著《运动营养学指导大全》。这本书包含了你所有需要的内容，对于想了解运动营养学这门复杂学科的人来说是无价之宝。

一饮而尽

我们在日常生活中常常久坐，悲哀的是大多数人都忘了喝人体运转最需要的东西（水）。多年来，有很多医生告诉我，他们不是没有时间喝水，而是忙的时候忘了喝水，特别是在自己已经认识到水是生命存活最重要的一种物质的时候。

- 人体的60%~70%都是水。
- 在温和天气中进行10公里跑时，身体会由于出汗和呼吸

水的神奇效果

水不含有热量、营养成分也很少，所以很难相信水能在人体休息的时候给其运转带来多大影响——运动时除外。

既然限制在每周进行 3 次规律的、出汗的运动，所以以下关于水的事实你可能比较感兴趣——而且我希望这可以刺激你认真对待你的体液。

而失水1升。

- 我们每日摄入的液体总量有60%来自水，30%来自食物，还有10%来自身体的新陈代谢。
- 长跑中（如马拉松），虽然在跑步中能补水，但人体失水6%～8%仍很常见。
- 2%的失水会导致心率和体温发生巨大变化。
- 5%的失水会导致进行长期有氧运动的能力下降。
- 跑者的双腿肌肉可以在1～2小时里产生250毫升的体液。

把水喝进去

不管是否训练，明确你每天喝多少水都不容易，但这却是你必须要知道的。保持体内水分充足非常重要，原因包括：可以帮助肾脏发挥功能，清除代谢垃圾；对于跑者来说，还可以使得肌肉润滑、相互连接紧密。

每个人的代谢需求、能力差别很大，在不同天气中差别

也很大，所以很难得出具体数据，也很难说一个人每天到底要喝“多少”水。好消息是，有一种简单的办法能测试你是否达到水平衡，只需要去浴室……

“要喝什么”

新闻报道和各类出版物中常常被有关“什么是真正的水”的矛盾建议所轰炸。有一周我们被告知只有饮用水才算，但是下一周，我们又被告知咖啡和茶也有同样的效果，那我们该遵循哪种建议？

理想状态下，你应该多喝水，而不是英国红茶、雀巢咖啡。但是，如果你通过了尿检，就说明你处于水平衡的良好状态，问题不大。

尿检

这个测试非常简单有效，可以告诉你是否需要补水。

下次上厕所的时候，你只需要看看你尿液的颜色。如果是深黄色，说明你失水很严重；如果颜色清淡或者像稻草，说明你体内的水很充足。

你在早上可能经常处于失水状态，接下来你应该确保全天要饮用足量的水（水、茶、果汁或牛奶都可以），以保证尿液颜色较清。保持水平衡状态不仅能让你的肾脏感觉良好，还能保证你的肌肉为接受跑步训练做好准备。

把握补充水分的时机

保证身体的水平衡很重要，但是找准补充水分的时机也是一件难事。如果在训练前喝太多水，训练时胃里就会像饮水机一样；如果跑步前喝的水太少，那10分钟后就会疲乏地想找水喝。

最好的办法就是全天都保持水平衡，而不是训练前灌下1升水。保持水平衡可以让你想跑就跑。时刻注意喝水，肾脏功能也会增强。

以下是关于在训练前和训练中喝水的时机和量的大致建议：

- 跑前2小时，400～600毫升（3/4～1品脱）
- 跑前20分钟，150～300毫升（1/4～1/2品脱，或者按自身体重计算：6毫升/千克）
- 天气温和时，每跑15～20分钟喝150～250毫升（1/4品脱到1/2品脱）

对早起跑者的建议

对于起床很早，每天第一件事就是完成训练的人来说，上路以前补充好水分很重要。

从尿液的颜色就可以看出来，人体往往在早上缺水，如果你要进行体育锻炼，哪怕只是20分钟竞走，也很需要喝水。建议起床以后慢慢喝少量水。尽量早起，开始跑步前至少留20~30分钟来让水分全部吸收。大口喝水会把空气吸进去，让胃部很不舒服。

如果你发现在早上保持水平衡很难，也可以在跑步时带上运动水杯。虽然一些跑者认为带杯子是个累赘，但这却是解决晨跑缺水问题的好办法。

运动饮料：是否物有所值？

颜色鲜艳、味道甜美的运动饮料销量很好，这几年跑者对

运动饮料里有什么?

常见的 500 毫升运动饮料里含有大约：

- 140 千卡
- 32 克碳水化合物
- 0 克脂肪

此也很喜爱。

所有运动饮料品牌，包括Lucozade和Boost，都宣称运动饮料能让人跑得更快更远——但是它们真的比水更加有效，能给你承诺中的额外驱动力吗?

运动饮料们如何工作

运动饮料如何让身体获益的研究非常简单，这可以让你确定你是否应该在训练中喝运动饮料。

虽然运动饮料种类繁多，但是目前市场上最常见的都是“等渗透”饮料。也就是说其中含有的糖和盐分和人体类似，比普通的水更容易被人体吸收。

更快的吸收意味着关键的“维持性能”的液体能在最快时间内到达细胞和肌肉，让人保持训练。

听起来很不错对不对？可以从味道甜美的体育饮料中得到更多，那还要水干什么?

真相是，虽然“等渗透”饮料可以加快吸收速度、增强耐力，但是这些好处对于5公里或10公里跑的跑者来说并不适用。

知名运动营养学家Anita Bean认为，运动饮料有助于中等强度或高强度且时间持续超过一小时的运动，有关研究也支持这个观点。而对于持续一小时以下、强度较低（最大心率的60%～70%左右）的运动，“等渗透”饮料并没有太大作用。马拉松运动员在长跑中会体会到“等渗透”饮料的好处，但是除非你在炎热的天气中长跑，否则水就足够了。

选择权在你手上

虽然科学研究不支持5公里或10公里跑的跑者饮用“等渗透”饮料，但是你喝这些运动饮料也没有什么损害。虽然伯明翰大学研究表明运动饮料消解牙釉质，这警告我们运动饮料要适度饮用，但是目前看来运动饮料并没有损害，特别是在温和

天气下。

如果运动饮料对你吸引力太大，你会在跑步前、跑步中和结束后都饮用“等渗透”饮料，那就要注意：每一瓶饮料含150千卡的热量，你要跑1英里才能燃烧掉。如果你要靠训练减掉赘肉，就在训练前后喝一瓶足矣。

营养品——是敌是友？

英国已经成为营养品盛行的国家，这让医学界很不满，却让替代疗法和自然疗法的支持者欢欣鼓舞。

过去几十年，我们一直相信营养品，比如维生素、矿物质、藻类、草药能增强免疫系统、精力甚至性能力。这一行业因此价值千金。我们的厨房也装满了各种颜色的瓶瓶罐罐。

当然，营养品所具有的增强免疫能力和促进健康的功效并不是对每个人都管用，医学界早已宣称营养品很多都是浪费钱而已。但是这个说法丝毫不影响我们对于营养品的热情，而且这种热情暂时还不会消散。

不管你支持哪一边的观点，如果你说自己从没买过一瓶维生素C或鱼油之类的营养品，那绝对是在撒谎。我们在生活中都接触过营养品（特别是我们在寒冬中全身发冷的时候），但是既然要训练5公里或10公里，你可能会想知道到底哪种营养品在长期训练中对身体帮助最大。

可选择的营养品很多，还有很多是为人们量身打造的，但

是这些营养品真的有好处吗？还是会有坏处？

维生素和矿物质营养品多如牛毛，但是在开始买补锌、补钙的营养品之前，你必须要了解一些常识。

同步——维生素和矿物质共同作用

同步法则可能是有关于补充维生素最重要的概念。虽然走进营养品店，买一大堆在报纸上看到的维生素或者矿物质非常容易（根据医学人士的说法是实在是太容易了），但你必须知道这些东西是否对你有效。

所有维生素都是增效剂，它们会增强人体特定部位的功能。增效剂就是利用维生素或者矿物质把生理功能提升到最佳。没有“伙伴”的帮助，单独一种维生素是不能发挥作用的。

例子如下：

- 铁没有锌和维生素C的作用无法被血液有效吸收。
- 为了让维生素B6发挥效果，体内需有足量的锌。如果锌不足，B6就发挥不出应有的生理效果。

● 我们需要足量的维生素D来促进钙的吸收，没有维生素D，钙近乎无用。

知道风险

以下介绍的维生素仅供参考，并不是我建议你在阅读此章节后的必购清单。虽然营养品很容易买到，但是其中的学问比人们想象得复杂多了。甚至最常见、最无害的维生素都会给你当前的身体状况带来不利的影响。

因此，即使许多营养品店老板都会乐于卖给你看起来有益无害的镁、钙胶囊，挣5磅的钱，也不意味着你吃这些营养品就是明智之举。我强烈建议你先咨询一下自己的医生。

跑步专用营养品概览

有一些营养品是值得信任且对身体和接下来的训练有力的。但是下文所说的这六种只是我的想法。

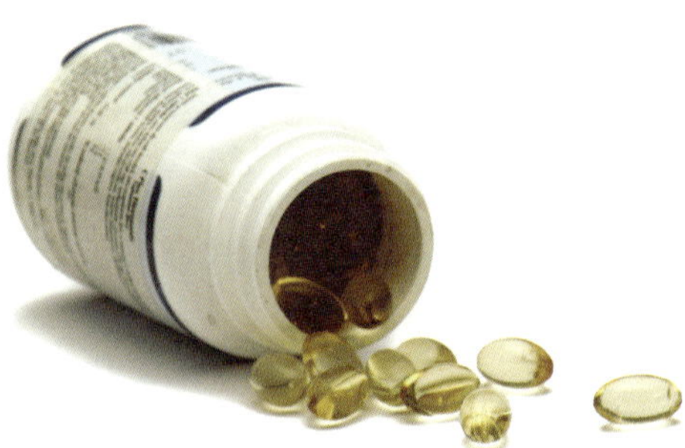

危险的组合

营养品与传统药物组合有潜在危险的单子越列越长，但还是有一些常见的混用需要你在服药之前慎重考虑。

维生素 E 和华法林

华法林是医生常开的药物，用于稀释血液，防止血块和血栓。但是，维生素 E 也有这样的效果。如果同时服用就有可能导致稀释过度，导致肿胀和潜在的严重健康问题。

维生素 B12 和钾

哪怕你没有服用其他药物，认为自己不会因为吃营养品而有任何健康问题，也要谨慎一点。如果你长期服用钾，维生素 B12 就可能不足，导致恶性贫血。

甲状腺素和藻

如果你被诊断为甲状腺素不足，医生也开具了补甲状腺素的处方，那么，若你正在考虑食疗（藻或碘）就要问问医生。如果两种混吃，会对健康造成不利影响。

再重复一次，这不是我推荐的购物清单，只是概括地介绍一下一些常见营养品，它们的特点以及如何对训练起作用。

以下是跑者最常购买的几种营养品：

- 维生素C
- B族维生素
- 锌
- Omega-3 鱼油

- 镁
- 钙

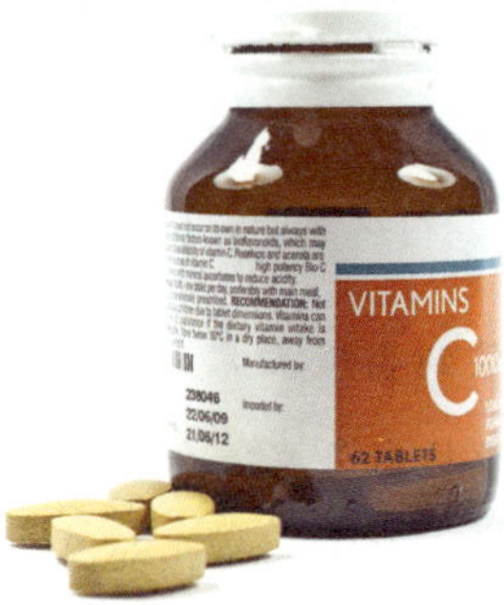

维生素C

维生素C可能是最长用的营养品，能用于常规的配药，也可以和生物类黄酮混用。

丰富的种类也会带来麻烦。特别是有时维生素C胶囊含有的维生素C量少的只有60毫克，多的则有1500毫克。

它的作用

无论如何搭配，维生素C的主要作用就是加强免疫系统，恢复胶原蛋白（特别是伤后复健，因为它能让人体产生新的组织，修复韧带和肌腱）以及作为抗氧化剂——如果你锻炼规律的话，这点非常重要。

潜在的副作用

如果你服用不过量的话应该不会有任何副作用。但是有部分人对制作维生素C胶囊的抗坏血酸过敏，他们会出现腹泻症状。

富含维生素C的食物

水果（尤其柑橘）、蔬菜和土豆。

结论

维生素C是常见营养品，而且不同年龄段的人都可以安全服用。事实上，维生素C还能促进血液对铁的吸收，所以对于缺铁、需要吃补铁营养品的人来说，它也是不错的搭配。

B族维生素

由于B族维生素数量不多，你可以更容易地把它们作为一个整体，而不是客体看待。B族维生素又被称为“复合B维生素”，包括大量营养素。虽然存在争议，但是其主要组成包括：

- B1——硫胺(维生素B1)
- B2——核黄素
- B3——烟酸
- B5——泛酸
- B6——吡哆醇
- B12——钴维生素
- 维生素H；生物素
- 叶酸

还有维生素B15、B17，但是在营养品中很少见。

他们的作用是什么

B族维生素是产生能量的关键一环。简单点说，如果缺乏B族维生素就没有能量训练。如果你饮食均衡，食用充足的谷物，你就不可能没精打采，但是每年还是有成千上万人买一两瓶B族维生素，希望获得广告宣传的“增加能量”。特定的B族维生素能让我们更加健康。比如，维生素B6能促进血红细胞和新蛋白质的产生。它的“伙伴”就是维生素B12和叶酸,它们也能促进血红细胞在骨髓中的增长。

潜在的副作用

要补充维生素或者矿物质时，如果你已经咨询过全科医生，自己目前接受的治疗（如肾病、心脏病）药物和营养品混用没有问题，那就可以安全服用。

服用过量B族维生素可能导致一系列副作用，包括尿液变黄；服用B3过量会导致“脸红”；服用过量B6会导致夜间烦躁。

富含B族维生素的食物

蔬菜、全麦食品、肉类、鸡蛋

结论

B族维生素是常见的、安全的营养品，因为它是水溶的。因为水溶性，所以消化全程在几小时之内（通过尿液排出），所以不可能积累或产生毒素。但是，如果服用过量，它们还是有可能产生严重的副作用。

既然你要训练5公里和10公里跑，运动比以前几年都更加剧烈，那就可能需要摄入更多的B族维生素。但是在开始服用营养品以前，要先保证高质量的饮食。一般来说，这么做要比依赖药物更便宜、更安全、更高效。

人们关注B族维生素是因为它们在营养品商店中大量存在，它们可以是“复合B维生素”，也可以像B6和B12一样单独销售（含量更高）。虽然有些时候多吃B族维生素——比如用B6治疗经前综合征——有作用，但最好还是吃复合B维生素。这样你可以获得所有B族维生素的效果，所以我强烈建议你在大肆采购前先找个专家了解最适合自己的搭配。

锌

根据顶尖营养学家——比如最佳营养研究所的创办人帕特里克·霍福德——的说法，锌往往适合在冬天和维生素C一起服用，以提高免疫力。据说大多数人在日常饮食中摄入的锌都不够，这让我们的活力下降了一个级别。因为你的训练强度全年都很高，所以你的免疫系统需要加强，需要的话可以补充锌。

锌有什么作用

锌对人体都很大作用，包括一些关键酶的合成，以及DNA

> 判断是否缺锌的好办法就是看指甲。
>
> 根据世界知名营养学家帕特里克·霍福德的说法，如果你注意到你的个别手指甲上有白色印记，而且味觉不正常，就说明你很可能缺锌。
>
> 专家建议

的修复。这些作用能保持免疫系统的功能促进荷尔蒙分泌。

没有足量的锌，就算每周跑3次，我们也不能有理想的身体状态，所以饮食均衡，多吃肉类、海鲜、谷物和鸡蛋很重要。

潜在的副作用

一般服用稍过量的锌没有什么副作用，但是如果服用得超过建议量，你就有可能打破其他维生素和矿物质的平衡（比如铁和铜）。

富含锌的食物

海鲜、牡蛎、鸡蛋、猪肉、南瓜子。

结论

锌是每个人必需的矿物质，而且许多专家都认为大多数人都缺锌，所以我们需要保证饮食中有足量锌。锌在人体中有很多重要作用，比如产生酶、催化其他营养素，它是最不可或缺的。跑者每天因为出汗要流失高达3毫克的锌，所以跑者尤其要注意补充。

Omega-3和鱼油

进入非饱和脂肪酸和必需脂肪酸的复杂世界非常困难，但是Omega-3脂肪酸却值得一提。Omega-3、6、9脂肪酸和它们在体内的作用不很大，每年科学家都有新发现。但是，Omega-3是最重要的脂肪酸，而且是商店中最容易买到的。

Omega-3的作用

Omega-3的存在形式很多，其对人体的作用有：

- 调节荷尔蒙分泌
- 消除炎症
- 产生必要的前列腺素
- 辅助免疫系统

对于经常锻炼的人来说Omega-3还有以下额外作用：

- 促进有氧代谢
- 增强耐力和能量
- 增强有氧运动能力。

潜在的副作用

如果遵循指导，就不会服用过量Omega-3。

富含Omega-3的食物

油性鱼类，如三文鱼、鲭鱼、沙丁鱼、金枪鱼。

为了尽量摄入Omega-3，应确保是新鲜的鱼而不是罐头，这样可以吸收更多Omega-3鱼油。

结论

虽然很难给出数据，但是以我的经验，很多人都在补充Omega-3却不知道确切原因。Omega-3很昂贵，而且如果餐桌

上有足够的油性鱼的话就不需要额外补充。毫无疑问，大多数人可以在饮食中补充Omega-3，营养品不是最佳选择。

镁

镁被分为常量元素，所以这是无论如何都不能缺乏的矿物质。它是人体骨头和牙齿的主要组成部分，你需要知道它有多重要。

镁的作用

镁和钙共同作用，让骨质坚韧，让神经和肌肉正常运作。没有充分的镁，肌肉会虚弱、痉挛、疼痛，心脑血管系统的功能也会减弱。而这两个功能，参加5公里和10公里跑的跑者必须非常强大!

潜在的副作用

健康和均衡的饮食中富含镁元素，所以不需要再额外吃营养品补充了，以防摄入过多存在风险。但是，主要的危险是如果长期过量摄入镁，会导致其与钙的体内含量不均衡。有肾病和正接受利尿疗法的患者需要特别注意。

富含镁的食物

绿色带叶蔬菜、坚果和种子、无花果。

结论

镁和其他常量元素一样，对于人体的常规功能非常重要，其对骨骼、心肌和神经的重大影响明显证明了它对跑者的重要性。虽然人体能有效储存20多克镁，而且需要时可以随时从血液中提取，但我们还是需要摄入足够多的镁，以保证肌肉神经的理想状态。

钙

钙和镁一样，都是常量元素。它和镁共同作用，在人体中发挥的作用也相似，特别是在保证肌肉和神经功能这方面。

钙的作用

我们都知道，钙是骨骼重要的组成部分，它同样也在保证骨骼和心肌收缩上发挥主要作用，保证心脏不停地跳动以及腿脚方便。

作为跑者，钙非常重要，因为一旦缺了钙，骨密度就会出现严重问题。对于女性来说，饮食中富含钙更加重要，因为女性缺钙的可能性比男性大。

潜在的副作用

吸收足量钙的重要性不可小视，但是不要自作聪明地买补钙营养品也很重要。大量摄入钙可能导致其含量与镁、磷的含量不平衡。所以就算感觉可能缺钙了，也最好不吃补钙营养品。

富含钙的食物

乳制品、沙丁鱼、三文鱼、绿色蔬菜、坚果和种子。

结论

由此可见，很难确定额外补充钙对身体是好是坏。吃这些无毒无害的药丸有如此多的区别和相互作用，所以你会很想知道自己做得是否正确。

总的来说，虽然听起来像老生常谈，但是饮食均衡，鱼类、蔬菜和乳制品吃得多的人不可能缺钙，因而不需要吃营养品。

不幸的是，在饮食中添加和补充钙或镁之类的矿物质不能完全保证人体能有效吸收。钙就是典型的例子。分别存在于蔬菜和谷物中的草酸盐和植酸钠会抑制肠胃吸收矿物质。所以，如果你觉得人体从早餐的谷物牛奶中得到了足够的钙的话，请三思。

咖啡、可可、酒和高脂肪食物都会抑制矿物质的吸收，所以好办法是从多种食材中摄入每日必需的营养素，而不是只依赖于一两种。

专家建议

经不住诱惑

就算我告诉你们一些营养品有潜在的副作用，必要性也值得怀疑，也还是会有很多人经不住诱惑，在厨房里塞满大量的维生素、矿物质的药丸和药水，以支撑艰苦的训练。决定权在你，这无可指摘。我的建议只是让你注意一下营养品的副作用，以及在接受治疗时要更加谨慎而已。

如果服用适量、对症下药，我首先得承认维生素和矿物质有好处，能让一些人的健康状况提升不少。贫血的要补铁、免疫力差的要补锌，这样身体状况会好很多；但是如果吃错营养品，效果就会适得其反。

如果你确实相信自己通过能吃营养品获益，那我建议你约见资深的营养学家，他能告诉你需要哪种营养素和应该避开那些营养素。这方面信息复杂难辨，虽然谷歌可以告诉你缺哪些营养，但是信息错综复杂，有时并不准确。

我真心希望你的身体能为即将开始的5公里和10公里跑训练调整到最好，每次训练都能释放能量，并对下次训练充满期待，但是依赖厨房里的药丸的确不是好办法。营养品是辅助你的饮食的，而不是取代饮食。

10 跑步运动恢复

新手或是老手——不论经验多少，受伤不幸地成为在跑步运动中必须习惯的飞来横祸。一些跑者很幸运，好像对各种肌肉伤痛都免疫，但是大多数人在训练的任何阶段都可能遭遇那些，棘手到难以想象的伤病。

预防优于治疗

如果你没读过本书第七章，我建议你现在先去看看，以了解在训练初期避免伤病是多么容易。

通过一些可以边看电视边做的基本练习，你可以保持肌肉有力，并使身体在跑步中保持平衡。当然，这些训练不会让你避开所有伤病，但仍是一个好的开始。

做了这些训练，你可以采取一系列的步骤来避免在训练中遭遇伤病困扰。有些办法已经在之前介绍过了，为了不让你忽略他们，以下是我总结的最重要的5条预防措施。

1. 分析跑步步伐

由于只有马拉松选手比较重视，因此这一点往往被5公里和10公里跑的跑者所忽视，但是分析跑步步伐能让你很大程度上避免伤病。通过分析跑步步伐，你可以保证自己购买的装备佩戴舒适，并与你的跑步习惯相符合。

2. 一步一个台阶

训练有热情是好事，但是不要超过自己的能力。距离增加过快，或跑步速度过快，若身体尚未适应，就容易受伤。所以，把热情留在逐步提高训练强度上吧。

3. 慢慢拉伸

花20分钟拉伸腿部肌肉可能很无聊，但是想避免小伤小病的话这就很重要。肌肉得到充分拉伸，可保证你的肌肉纤维准备好参与跑步训练，同样可以减轻关节紧张。

4. 丰富训练科目

多样化让生活更美好，同时也是减少伤病的好办法。虽然训练的主要内容就是竞走、慢跑或跑步，但偶尔改变训练科目，去骑自行车或者游泳也是好主意。这种变化对腿部肌肉有

好处，使其可以在重复的跑步训练中得以喘息，同样训练活动的变化能让你保持兴趣。

5. 信不信由你：休息

根据你们的跑步热情，有些人也会赞同休息的建议。虽然你显然不能在休息日完全放松，但是你也不能天天都训练。一些跑者在训练日过于兴奋，最后训练过量，导致疲劳受伤，只能暂时远离跑步。

有时候，休息很有效，特别是如果你感觉肌肉酸痛。合理休息，你就能免于数周的伤病困扰。

避免“环境伤病”

说到伤病，就自动让人联想到步履蹒跚、腿上裹着冰袋的场景。但其实不是所有伤病都是由于肌肉拉伤，或者半路膝盖疼痛引发的。

无论你是在公路、森林小径还是当地公园跑步，到处都有环境灾害，所以重要的是下次去跑步时要先了解以下几类因素。

太阳来了

大家一般不太在乎跑前涂防晒霜，但是强烈的太阳光会在你雪白的鼻子和肩膀上留下印记。你哪怕只跑一会儿，如果阳

光强烈，而你的皮肤又完全暴露，你也很有必要花几分钟涂上防晒霜，防止晒伤。

路基不稳

刚开始训练的几周，你常常气喘吁吁，信心会增加，还会发现训练的乐趣。问题是，自信过头变成了自满，每天慢跑都非常激动，但是坑坑洼洼、不平的路面和不易发现的树根都可能令你痛苦难堪。

脚下布满不引人注意的小东西，就算自己没做什么，也可能扭伤脚或摔个狗啃泥。虽然这种伤病往往被归结到厄运上，但还是请记住跑步路途中危险的地方，选择新路线时尽量谨慎也是好办法。

热！热！热！

训练5公里或者10公里跑的时候，你会发现训练计划中最远的就是10公里——偶尔还会更远。

在这个基础上，你不会感觉离自己家很远，但是在天热的时候，情况就不对了。如果感到疲乏、炎热或受伤，5公里的距离就会变得遥不可及。虽然在中午气温超过80华氏度（25摄氏度）时不建议跑步，但如果你确实身处这样的困境中，就还是应该做些预防措施。你可以带上一部手机、一张五英镑的纸币、几枚硬币和一个水杯，这些小东西在你陷入麻烦的时候能派上大用场。

最后，显而易见的是，在热天要尽量少穿衣服，避免中暑。几年来，我注意到，很多跑者坚持在热天穿长袖长裤，其实短袖短裤更加适宜。中暑对跑者来说非常可怕，所以应尽量保持凉爽。

诊断、处理常见伤病

你可以做所有想做的准备措施，认真地做第七章列出的锻炼项目，或者在休息日更加勤奋，但是有些时候，不管怎么做都可能受伤。

老练的跑者有数千英里的跑步经验，常常在初期发现伤病；但是新手只是觉得不过臀部有点疼痛而已——毫不夸张。

运动伤病形式很多，有的是急性病，有的是慢性病。虽然伤病令人困扰，但要记住伤病都是可以治愈的，而且只要处理

现在几乎每种病都有药可治，大部分伤病止痛都用布洛芬片。但是长期服用非甾体抗炎药（NSAIDs）可能对健康不利，所以应控制使用。长期、过度地服用 NSAIDs 会导致胃出血和胃溃疡。

知名关节痛专家戈登·卡梅伦博士称，英国每年会开出 2500 万张强效 NSAIDs 处方，导致 2000 人因严重副作用住院；多达 2600 人在滥用药物。

专家建议

得当，大多数伤病都能很快恢复，回到跑道上的时间比你预想的还快。

寻求专业建议

本章将会帮助你诊断，并在某种程度上治疗跑者的常见伤病——但是不要依赖于此，把它当作唯一的诊断和治疗手段。深入讨论伤病不在本书的讨论范围中，所以我的建议是，如果伤病持续了好几天，还是应该咨询专业的理疗医师或者运动医学专家。如果一直不治疗，就会耽搁康复进程，而且未经处理的伤势让专家来也要治疗好几周，严重影响训练，还可能导致你的跑步生涯就此报销。

无论你想跑5公里还是10公里——走、慢跑或快跑，都比蹒跚踱步有意思多了。所以对自己好一点，评估伤情，找专家治疗——这笔投资绝对值得。

跑步中五大常见伤病

你不用费劲就能找到很多有关如何防止、诊断和治疗伤病的书籍，所以如果你步行加入易受伤病困扰的跑者行列，而且一身伤病，那我强烈建议你看看深度研究伤病的书，并寻求专业建议。

我希望你能用书中的建议，避免伤病。但是如果你真的受伤，可能会是以下五种跑步中的常见伤病。

- 肌肉拉伤

- 跟腱炎症
- 胫骨疼痛
- 髂胫束（ITB）综合征
- 水泡

我们将一一分析这些伤病。

肌肉拉伤

肌肉拉伤，尤其是对跑者来说，其实是很容易避免的。如果你的身体伸展开来，不要突然剧烈运动，使没有热身的肌肉别受到压力即可。

起因

跑者拉伤的往往是以下三块肌肉：腹股沟、大腿和小腿。拉伤随时可能发生，跑步刚开始的时候，肌肉还温暖的时候，上山的时候——肌肉突然收到压力——或者跑步结束时，回到家时给已经疲劳的肌肉增加压力的时候。

症状

在激烈的体育运动，如足球、橄榄球、短跑中，肌肉拉伤听起来有“砰”的一声，接下来由于大量组织撕裂而导致非常疼痛。但是对于跑5公里和10公里的跑者来说，你可能会瞬间感到拉伤处的疼痛，跑步也非常不适。在温和的情况下，肌肉只是有些酸痛，没有严重到跑不下去的境地。无论是哪种情况，这些症状都意味着你的肌肉拉伤了，必须马上停止跑步并接受治疗。

治疗

你一旦意识到肌肉拉伤，要遵循RICE原则：

R：休养伤病

I：用冰袋冰敷（不要直接接触皮肤，先垫一块毛巾）

C：用绷带扎紧肌肉

E：抬高伤处以减少血液流动

大多数情况下，若遵循这几个简单步骤，几天后拉伤就好多了，一周以内就可以康复并慢跑了。

肌肉拉伤后记得规律地拉伸肌肉，不要对肌肉拉伸过猛，要温柔一点。

跟腱炎症

跟腱是长、厚，连接脚跟和小腿肌肉的肌腱。跟腱炎非常严重，需要尽量避免。这种伤病非常难缠，你一旦受伤，就要花数周的时间才能摆脱。

起因

幸运的是，跟腱炎是可避免的，你只需遵循本书的建议，选择适合自己跑步特点的训练装备，逐渐增加训练强度。跟腱炎找上的跑者往往是没穿对鞋子，训练计划强度太大，增加里程过快，或者训练强度过大，从而给已经很疲劳且尚未准备好的肌肉/肌腱过重的压力。

症状

- 跟腱僵硬，特别是早上
- 踮脚站立或者上楼时感到疼痛
- 训练后有些不适
- 碰到跟腱时痛感明显
- 肌腱肿胀

治疗

跟腱伤势与其他伤势相比，麻烦的是你必须要休息。走路的时候要用到跟腱，所以要停止使用跟腱。让其完全休息很难，最好的治疗办法是：

- 遵循RICE治疗法——休息、冰敷、包扎、抬高；
- 避免导致疼痛的动作和情况；

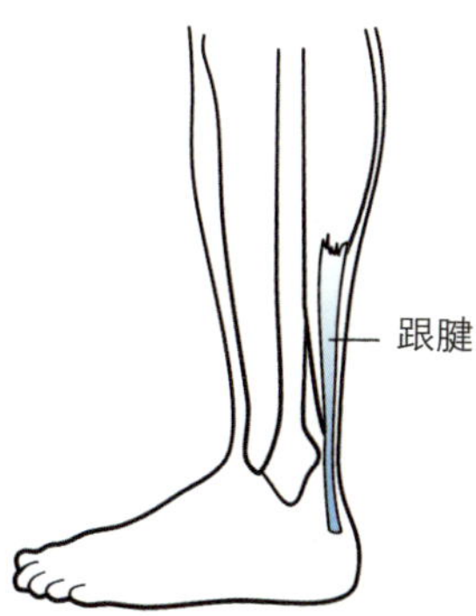

● 只参加不会加重伤势的锻炼——游泳主要用上半身的力量，是不错的选择。

跟腱伤势一出现征兆就要规律冰敷。早治疗就可以避免长期受到跟腱酸痛的困扰，“小洞不补、大洞吃苦”这句话用在此处再合适不过了。

可怕的腹痛

无论你多么健康，训练中都可能被难受的腹痛所困扰。

腹痛是一种突然、剧烈的疼痛，往往出现在右腹部，并有可能延伸到肩膀上。疼痛可以严重到无法坚持跑步，有时候平躺是舒缓症状的唯一办法。一旦你感到腹痛，就很难消除，所以最好的建议是一开始就避免出现。腹痛的主要原因未知，但是科学家已经找出了降低发生概率的几种方法。

● 跑步前 2~3 小时不要暴饮暴食。

● 跑步训练前尽量排便。

● 避免长期下坡跑，这样容易导致腹痛。

● 尽量用“腹部呼吸”——就是说把空气吸入胃部，而不仅仅是肺部。

● 锻炼胃部，强化胃部肌肉功能。

胫骨疼痛

胫骨疼痛很常见，特别是刚开始跑步的新手。简单地说，小腿的任何（肌肉的）不适——无论是边上、中间还是前面——都是一种胫骨疼痛。别说慢跑，有时候胫骨疼痛会让步行都深感不适，所以一般来说只能停止训练一段时间。

起因

大多情况下，跑者胫骨疼痛是因为小腿适应不了强度，导致轻微疼痛和胫骨周围的软组织疼痛。所以新手受到这种伤病困扰最多，如果刚开始训练，就要确保训练强度和距离逐步提升。

其他常见原因包括：

- 路面突然变化
- 跑步速度突然上升
- 开始山坡跑训练，对小腿肌肉施压
- 穿错了鞋子，不适合你的跑步姿态

症状

胫骨疼痛的症状大多在跑步结束1~2天后显现出来，那时你会感觉小腿不适。一般触碰靠近胫骨的肌肉就会疼痛，但是休息可以保证疼痛在几天后消失。

其他症状包括：

- 抬脚时感到疼痛
- 爬山时感到疼痛

治疗

大多情况下，好好休息是治疗胫骨疼痛的最好办法。如果你穿的鞋子合适，训练不过度，大多情况下胫骨疼痛不会发生，痊愈也就是几天的事。

某些情况下，特制的“矫正鞋垫”可以用来矫正可能存在的小腿生物力学上的问题。矫正鞋垫可以放在跑鞋中，矫正内八字脚（脚向内偏转）。许多跑者使用矫正鞋垫，表示这帮助他们克服了不少伤病，比如胫骨疼痛、跟腱炎等，但是这种鞋垫很贵，往往也没什么必要。

髂胫束（ITB）综合征

关节伤病中，跟腱炎是最麻烦的，而髂胫束综合征，又称ITB综合征，也是一种需要避免的伤病。这种伤病很难治疗，而且会终结跑者的运动生涯。

这种情况是由于腿上的长条组织纤维过度紧张，导致肿胀、疼痛，症状往往在膝盖上，但是也可能影响臀部周围。

起因

ITB综合征有很多起因，而且可以影响不同性别、年龄和健康水平的跑者。主要起因是：

- 在曲面或不平的路面上跑步
- 里程增加过快
- 增加跑步强度
- 穿错鞋子，不适合跑步姿态
- 腿部肌肉不均衡

以上因素导致ITB收紧，与骨骼摩擦，导致疼痛和严重不适。

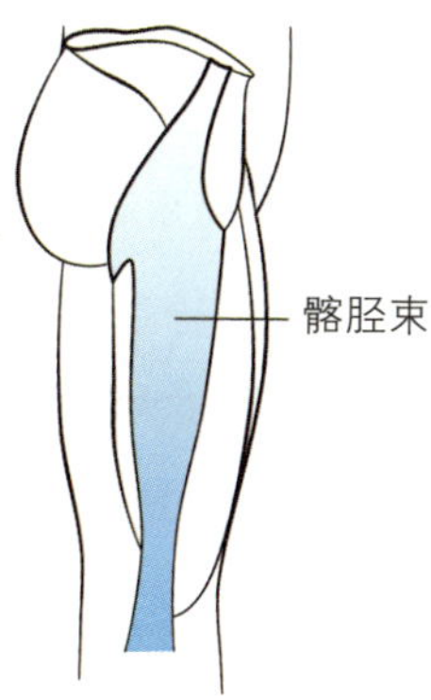

症状

- 膝盖、腿部外部不适
- 肌腱和骨头摩擦，所以膝关节弯曲时有声音
- 下楼或者坐在比较低的椅子上时，膝盖或臀部感到疼痛
- 跑了几公里以后突然感到疼痛

治疗

配合常见的RICE治疗法，治疗ITB综合征最好的办法就是休息和拉伸。如果你早治疗，就可以让自己免受数周的不适，因为这种伤病会持续很长时间。如果ITB症状持续两周以上，我强烈建议你寻求医生的帮助。

水泡

水泡会困扰所有跑者，一直是训练中最恼人的伤病。穿新鞋进行常规训练就可能产生水泡，因为你的皮肤接触到不适应的鞋子，那么就有可能在脚上产生小水泡。

但是，有好消息。你可以采取几个步骤来降低产生水泡的可能性。如果还是有水泡，也有简单的治疗建议。

五大防止起水泡的建议如下：

1. 保证跑鞋合脚：哪怕有一点空间，都有可能磨出水泡。

2. 穿合脚的袜子：专业的跑步袜吸汗、防止摩擦。千万别穿棉袜，要不然会有一个相当大的水泡。

3. 用凡士林：少量油脂可以防止摩擦，所以可在跑步前把它涂在脆弱的位置上。

4. 要不要挤破水泡？如果长了一个水泡，但是不疼，就别管他——你要是挤破的话情况会更糟糕。如果水泡很疼痛而且隆起成球状，就要用针头（为了杀菌，最简单的方法就是把针头放在沸水中泡30秒）。然后涂一些抗菌药膏和膏药。

5. 包扎：如果你要包住水泡，用鼹鼠皮硬膏，这样就会减少脚趾的摩擦，以减轻疼痛。鼹鼠皮硬膏是为运动员特制的，专用于水泡，防止摩擦。

CANCER RESEARCH UK
START/FINISH
CANCER RESEARCH UK
Race for Life
CANCER RESEARCH UK
Race for Life
CANCER RESEARCH UK
Race for Life
CANCER RESEARCH UK
Race for Life
2008

11 比赛日：最后一关

进行了10周最好的训练以后，真正的考验来了。这令很多跑者感到恐慌。

我早上该吃什么喝什么？车钥匙怎么办？我应该穿什么？

所有问题都会导致5公里或10公里跑开始前几天的焦虑，但是我希望本章能够帮助你消除这些烦恼，在开跑时拥有最佳的状态，吃饱喝足，蓄势待发，迎接挑战。

“醒醒！醒醒！”已经睡了很久了！

如果你只是重在参与的话，那么参加比赛只是穿着“奇装异服”做慈善或者给朋友提供笑柄罢了，而且你感到的可能不是紧张而是兴奋。但是，对于那些想跑到设定时间内的人来说，比赛前的一晚变化很多。害怕失败，又紧张又兴奋，很容易导致一夜无眠，造成早起时眼袋很重。

如果你很想早睡，结果只睡了质量不高的几小时，也千万别惊慌，因为不只是你一个人这样。而且和你认知相悖的是，缺乏睡眠不会影响竞技水平。赛场的热烈气氛和血脉中的肾上腺素会让你很快忘记糟糕的睡眠，而且你10～12周以来的训练成果能帮助你应付5公里或10公里跑，效果就像自己刚刚睡了10个小时一样。

早起

无论你预估自己早上到赛场需要多久，你都要快速行动。考虑到可能出现的小孩不听话、突然找不着车钥匙等情形，时间很宝贵，所以闹钟要设定到更早一点，给自己留足够的时间吃、喝、休息——然后不超速地准时到达比赛场地。

你应该在枪响开跑前1小时到场，以便有足够的时间和朋友一起穿戴装备，做拉伸，洗个澡，做几次深呼吸。

发令枪不等人，所以比赛前一晚要熟悉比赛路程，为路上留出足够时间，然后放松平静地开始比赛吧！

喝水

醒来以后要尽快补充水分。早起揉揉眼睛后，就要拿起一杯水或果汁慢慢喝完。大口喝水会导致胃胀气和肠胃炎，所以不要喝太快。如果可以的话，保证出门前至少喝1~2品脱的水。体内的水一定要足够通过第8章所说的“尿检”。总之要让自己水分充足。

比赛日的趣事

Race for Life 这样的大型慈善活动在比赛开始之前有很多仪式，所以不要以为你到得早就很无聊，只能玩玩手指。虽然小型的城镇赛事没有那么热闹，但也还是有事可做，空气也很好，到处是音乐，还有搞笑的奇装异服（可能你穿的就是）。何不早点到场，好好娱乐呢？

收拾东西

为了在早上留出时间，最好前一天晚上就打包好所有需要的东西。如果你拖到早上，你就有可能疲于奔命，丢掉一些极其重要的东西——比如跑鞋。

为了解决这个问题，不遗漏任何重要的东西，打包的时候可以参考以下清单，以便准备好所有必需品。

比赛日背包清单

- 跑鞋（如果没穿在脚上的话）
- 号码布和别针
- 一杯水或运动饮料

- 备用的裤子和运动背心/T恤衫
- 备用裤子
- 防晒霜
- 太阳镜
- 一些钱——纸币和硬币
- 移动电话
- 一些水果——苹果、香蕉都不错
- 巧克力棒

早餐

很多跑者对比赛当天的早餐吃什么感到困惑。什么时候吃？吃多少？我该吃什么？

早餐的关键在于吃习惯的食物和自己能消化的食物。只是因

为在别的地方看到燕麦适合跑前早餐就把平时吃的果酱和吐司换掉，这种决定糟糕极了，因为你的胃在跑步前消化不熟悉的食物会变得糟糕。如果吃以前没吃过的早餐食物，跑步中就可能会受到胃胀气和肠胃炎的困扰——不是所有经验都可以复制！

所以跑前早餐的黄金原则就是：坚持吃你习惯的。

如果你一直在训练中遵循饮食均衡，就没必要担心自己在比赛的时候会不会体力不足。如果你前一晚吃了足够多的碳水化合物，就足以保证你的体能足够撑过比赛。所以，不必非得在开跑当天7点吃麦片或者燕麦。

心慌

如果你在跑步的那个早晨感到紧张、忧虑，或是仅仅感觉时间不够，你发现自己吃不下东西，别慌。这很正常。正因为如此，你才需要在你的运动包里放一些水果和零食，以应对类似的突发情况。在去跑步地点的路上吃点东西能稍稍提升你的血糖值，帮你减轻饥饿的折磨。

在场地

战胜交通堵塞

如果比赛在家乡举行，好处是你对路途足够熟悉——但是别太自满。重大赛事会导致严重的交通堵塞，不仅道路堵塞，还有许多作为赛道的道路会被封闭。

可以登录本地官网或者比赛日信息站找到去场地的最佳路线，停车位和封道的道路。如果可能，尽量步行前往，这是热身的好办法。

做好准备

前往比赛信息站确认是否要登记注册到位。大多数比赛会登出你的号码和专用芯片（如果条件允许），所以组织者一般不会要求你确认。但是有些比赛会这么做，所以最好先把这个搞定，然后再准备跑步。跑步芯片可以精确地计算你花了多长时间，但不是所有比赛都有。把芯片夹在鞋带上，起点线的感应器会接受芯片的唯一编码，开始记录完成比赛的时间。

远离诱惑

几乎所有比赛都有运动营养品公司前来分发或者销售特制的“加速”饮料或是帮助你撑过比赛的巧克力棒，你要谨慎食用以前从未吃过的东西。

这一点在本书中多次提到过，开跑前一小时内没有时间尝

试新的、颜色鲜艳的甜饮料或者巧克力棒。它们可能没问题，也不会对胃造成什么影响，但是万一发作，你就有的受了。

热身运动

当进入场地的“准备区”，和其他人一起闲聊，不要忘记开始适当地做一些拉伸——哪怕离开跑还有一个小时。

如果天气很冷，就要保证自己穿得暖和，并慢慢开始拉伸。在大多数重大赛事中，赛事组织方会在开赛前30分钟左右在场地中安排一名运动专家来帮助你找到状态，充分热身。所以进行热身可以保证你拉伸所有关键肌肉。

最后的倒计时

拉伸完毕后，比赛开始前的最后20~30分钟会非常难熬。最后30分钟甚至能造成恐慌，让所有人开赛后像无头苍蝇一样冲出去，拼命冲向终点线。

玩命往前冲，把衣服和随身财物扔给家人和朋友，很多人在比赛前都会这么做。所以要沉着冷静，遵循以下提示，避免慌乱。

最后时刻必备清单（开跑前20～30分钟时）

● 上厕所：遵循第8章关于水平衡的建议，不要喝太多水。只要能通过“尿检”，就不要再喝水了。这样你就不必在发令枪响前几分钟还在厕所外排队。

● 检查鞋带：确保鞋带系紧（不要太紧），而且打好蝴蝶结。没系好的鞋带对你自己和其他选手都有很大危害，所以把鞋带系好。

● 脱衣服：如果天气凉，跑前要多穿衣服保暖，而现在是时候把衣服脱下来放在指定区域或者扔给家人朋友了。马上要用跑步来取暖了。

● 找到自己的位置：做好准备。你可能觉得跑前20分钟还早，但是和跑友聊聊天，最后拉伸一下，时间会过得很快，你最好及早知道这一点。准备好起跑，从起点线杀出一条血路来。

“砰！”比赛开始了……

回忆时间

你还没觉察到，比赛就要开始了，这是验收数周训练成果的时候。

对于很多跑者来说，刚起跑的时候是漫长艰难的跑步训练最兴奋的一刻——几周前只能追公交车，如今却能跑5公里或10公里，这个时刻绝对值得纪念。你在开始感到兴奋时，再回想一下自己的成就，就能完全享受接下来的比赛了。

同样，对于不觉得训练难熬的跑者来说，Race for Life活动开始时，很多回忆会涌上心头——这会成为一个特别的时刻。

珍惜这一刻、品味这一刻！总之，享受这一刻！

放轻松

所有情绪涌上心头，肾上腺素飙升，而紧张能提高竞技水平，你会发现自己快如闪电。当然，在重大赛事中你可能觉得自己速度一直不快，因为许多人都在你前面。注意，开始时不要跑得太快，不然还没跑完一半就精疲力竭了。

如果你有时间的目标，就要保证自己不要太快，如果把所有能量都用在最初的1～2公里，那数周的努力就全白费了。爱尔兰半程马拉松赛冠军、10公里跑银牌得主乔·麦卡利斯特曾说过一句名言：“赢了一英里不能赢得比赛，但是跑得太快可能让你输掉。”发令枪响时，这一点需要牢记。

“作为一名癌症患者，我把跑步看作是绝佳的放松。为了Race for Life和朋友一起训练很开心，我建议大家最少参加一项。”

——伊丽莎白·加纳帕蒂

享受这个体验

一旦经过了起跑时的熙熙攘攘，你就要找到跑步节奏，别忘了好好享受。无论你是什么背景，跑步的原因是什么——可能是减肥、做慈善或者打破个人最佳纪录——我要极力强调的是：充分利用这一天，并享受你所做的一切。

最近几个月的训练可能是艰难的、低效的，甚至是无用的，但是享受比赛才能发挥到最好，并给你再战一次的动力。你会自然而然地到达终点，并达成跑完全程或是获得好成绩的赛前目标。不过，不要让失败带走这一天的开心和感受。如果没有达成目标，也别担心，下次还有机会。

在英国和全世界有很多5公里和10公里的比赛，如果你无法在规定的时间内完成，或者在离终点只有几百米的时候停下来走路了，也请放轻松，你很快会有下一次机会——那可能是你完成心愿的地方。

案例分析

姓名：卡隆·威廉姆森

年龄：33

职业：母亲、商务顾问

跑步经验：7 年

在我的经历中，最难的是起跑的时候。往往有很多跑者蜂拥而出，你会忍不住地全力冲刺。神经和肾上腺素的混合作用推动你跑得比平时训练还要快。此时，降速是关键，这样才能以适当的速度掌控全程。

起跑以后，一直有人超过你可能会让你感到难堪，这还可能影响你的动力。我认为有用的一点是，眼睛一直盯着已经在自己前面，速度也和自己大致一样的人。之后你可以一直盯着他，以防因连续被超而分心；状态好的话，再努力超过他。不要担心别人把你甩得很远——只要跟着另外一个选手，再用相同的配速就好！

我认为跑步中最难的一部分就是中程。此时我开始感到十分疲劳，而且赛道终点遥不可及。帮助我坚持过这一段路程的是“心理战术”，比如数脚步数到8，或者唱一首喜欢的歌。当我有孩子以后，我还把这一招用在做家务的时候。这一招能神奇地把痛苦分散出去。

你在享受中不知不觉地接近终点，可能比想象中还快一些，肾上腺素和训练作用会给你带来惊喜！

12 小结和常见问题

无论你读到这章时是在训练的开始、中段还是结束，跑步都可能已经是（或者很快是）你生命中重要的一部分了。

就算你几年前或者几个月前还以为自己肥胖臃肿的可能性大于轻松慢跑20分钟的可能性。但神奇的是，这个简单的活动能吸引你并给你如此好的体验。

5公里和10公里比赛风靡全球的魅力在于比赛很多，总有一种能吸引你。我每次听到自己跑完后想“再也不跑了”的时候，只要再找到几周后的另一场比赛，我就又会充满动力。

可选的项目很多，尝试山坡5公里跑和城市快速10公里跑对很多人来说都很有诱惑力，不要以为自己不会被吸引过去。

知识就是力量

你会发现，这本书是特意写给刚刚开始练习跑步，不知道如何准备5公里和10公里跑的人；或者已经跑了一段时间，需要帮助来更进一步的人。

本书的每一章都告诉你所有进入跑步这个奇幻世界应必备的知识，还告诉你如何加强腿部力量，让你相对轻松地跑完5公里或10公里——如果你真的坚持训练。

对于许多想坚持跑步，但对5公里或10公里项目没有兴趣的人，这本书有望在未来几年里有效地帮助你，解决你在未来的跑步生涯中可能遇到的伤病、营养和训练问题。即使不参加比赛，深入学习跑步科学也很有用处。

无论你的兴趣点在哪里，是跑步训练还是提升运动水平的食物，这两方面的出版物都在书架上到处都是。

大量由“专家”根据自己独特的训练和饮食理念写成的书，宣称可以保证以一种特定的训练模式或饮食结构来帮助你增强动力、提高耐力。

多年来，出于我个人的兴趣和研究需要，我阅读了很多专家写的书，大多数书的知识量都比我大。这些书大多诡异而有趣，我从中了解到了跑者寻找“最佳跑步/营养计划”中需要重视的一点。

老话说，“一个人的美食是另一人的毒药”。这对于不同训练计划和营养方案的选择就是真理，是每个跑者看到新材料、想尝试新的训练计划或者营养计划时需要记在心里的话。

对症下药

平时也许活跃、也许久坐，我们是截然不同的。

近几年的人体解剖结果展现出，我们的肝脏、肾脏、心脏、骨骼肌肉的大小相差很大，也说明我们都是独一无二的。

由于个体差异，我们必须承认，现在在训练、饮食甚至医疗方面，“一体适用”的观念是幼稚的，甚至在某些情况下非常危险。

生物化学与本书无关，但是当你阅读其他书籍、采取新的训练计划时，必须把这些东西记在心里。

我不止一次地说过，面对所有读到的训练理念，我建议你听从自己的身体。如果在训练后或者饮食更改后一直不舒服，建议立刻停止，并反思自己的做法。

下列训练法则（常有争议）可能让一些人创造奇迹，帮助你的跑步训练实现令人难以置信的飞跃，但是这些法则也可能不适合你的身体条件，对你造成伤害。

常见问题

很多私人健身教练、营养学家或者理疗医师，都会告诉我一些有意向的客户问起关于训练计划、饮食计划或者伤病的常见问题。毫无疑问，在训练的某些阶段你会很想知道问题的答案，但是没人可问，只能找谷歌——而那里的答案往往都有问题。

所以，为了方便回答多年来参加5公里和10公里跑的朋友最常问的问题，我列出了十大常见问题的清单。

野心勃勃的跑者必读书目

有很多好书可以放在枕边，但是我强烈推荐这3本，他们能帮助你了解跑步运动

《跑步知识》（*Lore of Running*）（Human Kinetics Europe 出版社）

蒂姆·诺克斯博士著。他是训练和运动科学专家，也是名优秀的跑者。这本书值得一读，能让你一直保持动力。这本书充满有效的训练法则，包含跑步的方方面面。

《生来跑步》（*Born to Run*）（Profile Books 出版社）

克里斯托弗·麦克杜葛尔所著。他对跑步运动有深入研究。这本书会让你爱不释手，而且这本书能鼓舞人心，会让你在看完一章以后就想出门跑步。

《运动营养全书》（A&C Black）

著名营养学家安妮塔·比恩所著。这门书畅销全世界，几乎是运动营养学的“圣经”。这本书包含了有关所有饮食、水平衡和营养品的所有有价值的信息。这本书应该永远放在身边。

1. 有朋友告诉我跑步损伤关节，是真的吗?

几乎每个我训练过的客户都不同程度地表达过担忧，即他们的常规训练会导致关节受到不可修复的伤害。这个忧虑往往

会被一些（往往是嫉妒的或是懒惰的）朋友添油加醋，说跑步伤膝盖，你应该马上停止，去游泳或者打高尔夫球。

让我们思考一下这个问题。如果我们的关节如此糟糕，而且非常容易受伤，那为什么还有成千上万的已经退休的男男女女还在定期跑步呢？

跑步致残、会让我们退休的时候置换关节的说法不仅不准确，而且可以说是与真相背道而驰。科学证明，跑步之类的负重练习，只要适当，往往会让骨骼更加强健，从而减少我们晚年跛脚的可能性。

当然，少数每周跑70英里以上的极端跑者确实能支持过度

跑步会导致未来关节问题这一观点，但是这并不是定论。生活中的任何事物，只要适度，都不会带来伤害。但是，太极端就可能带来不幸。

不论你是偶尔跑步还是定期跑5公里或10公里，你的关节都不大可能出问题，不论是现在还是未来。当然，少数天生就关节脆弱的人也许不得不终结自己的跑步生涯，但是大多数人不会在跑步中感到疼痛，无论是50岁、60岁、70岁还是80岁。

2. 为什么我在平地上跑，甚至匀速跑时心率都会加快?

健身爱好者都知道心脏对运动反应的复杂生理情况，但是对于大多数人来说，了解训练中心脏的工作情况及原因也是必要的。

让很多人困扰的是，就算保持匀速，心率还是在逐渐增加。地表起伏可能是原因，但哪怕是在平地上跑，保持匀速，持续一小时左右，心率仍会缓慢上升。这个过程称为“cardiovascular drift”，而且非常正常。

虽然心率逐渐增加的原因很多，但是训练中的脱水效应可能是主因——血液流向皮肤，保持身体凉爽，心脏输送向全身的血液变少了。所以，心脏必须搏动得更快，以保证肌肉有足够的含氧血。虽然这个理论并不完整，但也是最合理的解释。虽然听起来很剧烈，但“cardiovascular drift”其实很平常，有类似感觉也不必担心。但是，如果训练中心律不齐，还是最好去找医生。

3. 营养品、葡萄糖是训练中好的补品吗?

葡萄糖一直很流行，以至于很多医生都很重视它。葡萄糖和传统医学结合治疗关节问题非常有效。

但是，葡萄糖虽然很有效，但没什么人知道它是什么以及是如何工作的。很多人都没意识到葡萄糖其实是人体生产的，不过随着年龄增大，身体生产葡萄糖的能力越来越弱。葡萄糖能治疗关节问题，主要有两大原因：

第一，它能促进氨基葡聚糖的产生，这是软骨的重要组成部分；第二，它能让硫进入软骨中——因此硫酸氨基葡萄糖是最好的营养品。

葡萄糖能有效促进氨基葡聚糖的产生，而且能缓解关节疼痛。所以你如果有这类症状，可以去问问全科医生。但是，如果你的膝盖或关节酸痛，那这可能没什么用处。硫酸氨基葡萄糖及类似营养品不是止痛药或者万灵药，它们只是帮助身体生长软骨而已。

最后，如果你考虑服用葡萄糖，而且正在接受华法林之类的血液稀释治疗，就请谨慎行事。有证据显示，这两者结合会增加流血的风险。如果有问题，请咨询全科医生。

4. 为什么我会感到腹痛?

跑者的腹痛往往出现在肋骨以下、腹部右侧的位置，这可能是跑者最常见、最棘手的伤病——从新手到轻松晨跑10英里的老手无一幸免。

理疗医师提出的理论有胃部韧带拉伤和胃部胀气。但是没有一个理论证明是某种特定原因以及为何会引起肩部疼痛，虽然有证据证明隔膜痉挛与此两处的不适关系最紧密。你可以采取一些措施来有效防止此类腹痛。

避免腹痛的方法

● **训练前2~3小时不吃食物或饮水**：这可以帮助减少胃的负担，防止韧带拉伤。

● **尽量避免下坡跑**：虽然这并不容易，尤其是住在山区。尽量不要长时间地在陡峭的下坡上跑，因为震动会导致腹痛症状。如果你处于下坡位置，应尽量跑稳一些，不要让震动从腿部传遍全身。

● **慢慢来**：很多人发现腹痛是过快进入跑步训练状态引起的。所以训练前要热身充分，慢慢让自己进入状态。

● **学会呼吸**：读到这里，虽然你几十年来都会呼吸，但仍需要掌握新技能。你并没有完全掌握呼吸技巧。事实证明，采用膈肌呼吸或是所谓的腹部呼吸，而不是单纯使用胸肌呼吸，能有效减少腹痛。其原因十分复杂，本书很难详细说明，但是学会合适的呼吸技术，的确能帮助你永远远离腹痛。学腹部呼吸最好的办法就是躺在地上，或者把东西——比如书——放在胃上。你需要做的是保证吸气的时候书升起来，呼气的时候书降下去。这个动作表明你用腹部呼吸。通过练习，你就会在跑步中自然而然地使用，从而摆脱腹痛。

● **加强胃部功能**：有趣的是，保持胃部强健也可能避免腹痛困扰。通过一周几次的一系列强化练习，可以保持核心力量，避免恼人的刺痛。还可以着手进行第七章胃部强化练习。

● **上厕所：**跑前“清空”膀胱和大肠可以有效避免刺痛。原因尚不清楚，但是去上厕所非常有效。这个办法的效力和其他办法一样，跑了10分钟以后感到疼痛就没有用了。好消息是，你可以做一些事来控制不适，让自己到最后能不带着疼痛跑完。

缓解疼痛最好的办法就是降低跑步速度，身体向前倾斜，抿嘴呼吸。这种强行吸气能让膈肌稳定下来，除去腹部疼痛。

5. 体重超标了还能跑步吗？

这是非常常见的问题，而且在某种程度上来说，你必须扪心自问一下。如果几年来你一直不积极活动，或者由于家务繁忙而一直不能抽出时间跑步，你可能感觉到自己胖了不少，而且现在很想减肥。

跑步是增强心脑血管健康和心脏功能、减轻体重的最好运动。这是想减肥的人们的必然选择。但是出于跑步可能得不偿失的忧虑，很多人在开始跑步前很犹豫，尤其是超重人群。

第一点，书中一开始就提到，最重要的事情就是约见医生，确定你的血压正常以及排除无法正常跑步的其他因素。

第二点，你必须保证开始跑步时要循序渐进，为了心脏和关节的健康考虑，要有很多步行休息，不要有畏难情绪。如果你超重，而且心脏、关节尚未适应跑步的压力，就有可能受伤。人体的每个部分，心脏、背部、臀部都需要时间适应跑步的要求，如果操之过急，就很容易受伤。

我对超重、想跑步人群的建议是，开始两周左右跑10~15分钟，慢跑和步行相结合。举个例子，如果你能慢跑1分钟，就至少要走一分钟，如果需要的话时间可以更长。千万不要觉得跑步比感觉舒服更重要。

6. 为什么我感到无精打采、死气沉沉？

在这个节奏飞快的世界里，我们花在工作上的时间和花在家庭上的时间加一起，导致我们睡满8小时的机会都不多。

在每天早晨或晚上安排5公里或10公里的训练计划，日常任务瞬间就更加繁忙，你也会很快不堪重负、非常疲劳。

虽然常规训练能提起精神，而且能让你充满活力，但如果你睡眠不足，疲劳就会累积，甚至在不经意间加重。

所以，如果你觉得每周跑步的强度比想象中大，那就降低强度，并评估日常活动，看看自己每天睡多少个小时。如果你注意到每天的睡眠时间只有6个小时多一点，那么这很可能就是你疲劳的原因。每晚多睡一小时的效果会让你惊叹，所以为了训练和健康，请别再睡眠不足了。

但是，如果你感觉自己睡眠充足却还是有些疲劳，那有可能是缺铁导致的。铁是帮助人体运输氧气的主要矿物质。没有铁，血液不能为肌肉提供足够的氧气，也就无法高效工作。

血液中缺少铁（贫血）很常见，特别是女性，甚至不训练

5公里或10公里跑也是如此。如果你感到少见的疲劳，就看看自的眼睑并观察它的颜色。如果颜色很淡，那么就要找医生去看看你的铁含量了。

肉类中富含铁，特别是红肉，还有绿叶蔬菜、杏子。素食主义者要注意贫血症状，因为植物中的铁不如肉中的那么好吸收。补充一句，茶和咖啡看起来没什么问题，但是它们会抑制铁被血液吸收，所以要吃富含维生素C的食物，喝富含维生素C的饮料（比如橙汁和酸梅汁），以增强身体对铁的吸收能力。正常人一般不需要补铁，均衡的饮食足以满足训练中对铁的要求。如果你并不缺铁还要补铁，就可能导致各种健康问题。长期如此，还可能导致心脏病的患病风险增加。

7. 如果受伤，我应该先见谁？——我的全科医生还是其他执业医生？

说实话，这个问题有些争议，回答起来很麻烦。但是去找过度疲劳的医生进行运动损伤的诊断和治疗不是什么好的选择。全科医生知识丰富，但是除非他们对运动方面有兴趣，否则他们的诊断和治疗手段比不上专业的运动医疗专家（比如理疗医师）。

医生受资源和时间限制，我和其他运动学专家也不指望他们精通每一个领域。有趣的是，一名全科医生，也是我的朋友告诉我，他不仅认为他的同事对运动科学大多不擅长，而且还总结道："全科医生的知识广而不精，顾问和理疗医师等的知识精而不广。"

只有医生懂得诊疗伤病的日子一去不复返了。理疗医师、饮食学家、整骨医师、运动治疗师遍地开花，非常规范，还能提供治疗。这不仅能减轻过劳的医生的负担，而且还能成为特定疾病的诊疗专家。

如果你有伤病，而且不想花钱咨询私人医生，伤势又比较严重，我建议你去找全科医生，并问问纳入社保的理疗医师的意见。

如果钱不是问题，那可以直接找经验丰富的专家，马上开始治疗。找一个好的理疗医师很难，所以如果有朋友知道的话最好问问他们。要确认你找的理疗医师受到许可且有执业资格。

毫无疑问，医生利用有限的时间和资源治病救人非常不容易。很多人并不了解运动科学，何苦只因为“免费”劳烦他们呢？如果你需要正确的治疗，请询问专业人士。

8. 如果受伤了，是用冰敷还是热敷？

这是常见的问题，也是很需要纠正的。问题在于很多人在选择热敷或冷敷时都是错误的，往往会让伤势更加糟糕。

假如软组织受伤或者出现肿胀，你需要马上治疗消肿。由于肌肉和肌肉中的毛细血管撕裂，因此选择正确的治疗方法更加重要。选错方法不但不能疏散血液，反而会将其吸引过来，所以到底选择哪个？

冷敷是著名的RICE法——休息（Rest）、冰敷（Ice）、包扎（Compression）和抬高（Elevation）的一部分。冰敷伤处能使毛细血管收缩，减少从伤处流过的血液，从而消肿。如果热敷，效果就会适得其反，毛细血管引来更多血液，伤势更加严重。

所有肿胀和疼痛消失以后才可以用热敷或冲热水澡。

9. 我的大多数训练在跑步机上完成可以吗？

世界各地的健身房都有跑步机。虽然有些人（特别是跑步洁癖者）讨厌在健身房跑步，他们认为室外更加有趣；但是，也有人喜欢一旦疲劳或者双腿吃不消，不必走3英里回家，就可以收工洗澡的感觉。

无论你对于跑步机持怎样的意见，其对于备战5公里或10公里跑的积极作用都是无可争议的。以下只是个别优势：

- 按下按钮就能调整跑步速度。
- 任何时候，只要按下按钮就能加快速度。
- 把水杯放在手边——而不是拿在手上。
- 跑步时有电视看，可以打发时间。
- 心态平和，如果你觉得累了，你随时可以休息。

虽然听起来好处不少，但是跑步机也有一些缺点。主要的

提示

在跑步机上跑的时候，至少应提速 1%。这可以提升在公路上的表现，比不加速要好很多。

问题不是脚一不小心（又尴尬地）踩空，人摔出机器，而是跑步机的表面不能准确地模拟训练或比赛的路面状况。这看起来不是主要问题，但如果你将大部分时间花在了跑步机上而不是户外的话，问题就很明显了。绵软的跑步机表面会让你面对硬地时准备不足，从软地到硬地可能会出现伤病。

总之，使用跑步机可以补充室外训练，但是不要过于依赖。

10. 没有步行道的时候我应该靠路的哪一边跑？

在公路上而不是步行道上跑步显然非常危险，可能的话应该避免。

我们都知道最近有多少人葬身于车轮之下。一名跑者在错误的时间、错误的地点训练，严重的事故就很可能发生。

但是有时候在公路上跑一段路程不可避免，而且为了安全考虑，你必须选择正确的一边——汽车开来的一边。

和开来的汽车同一个方向，如果汽车没注意到你，你还有充足时间跳上路堤。

这个法则有一个例外。如果你在公路上慢跑，看到右角车开来（假设你在英国，在道路右边跑步），最好找机会穿过公路，这样你就不会在汽车转弯的时候突然与这辆车打个照面。他们看不见你，你也看不见他们，所以为了安全考虑，跑到另一边，司机就有足够的时间意识到你的存在。

在公路上跑步很危险，无论如何应该避免。如果你非要这样，视力就一定要好，而且不要带音乐播放器。你将会用到所有感官，而且在跑步时，耳朵比眼睛更管用。

13 迎接挑战，更进一步

跑完5公里或10公里以后，你常常会再也不想跑步了。对一些人来说，由于健康、伤病或者缺少时间，长期训练和比赛不再有趣了；再次跑完全程的想法也令他们恐惧。

所幸的是，以我的经验，这些案例很少见，大多数人都会

继续下一次比赛，坚持跑步。虽然我们生活繁忙、时间紧张，但是在最忙的时候我们每周也能挤出2~3个小段时间跑步。

跑步——生理和心理巅峰

就算是第一次训练5公里或10公里，你也可能感受到长期跑步对腰围、心态和精力的积极影响。

现在，药物常常多开滥开，毫无疑问，跑步（有太多科学研究可以证明）是用于调理身心健康最有效和应用最广泛的自然治疗方法。

长期跑步能使通过锻炼产生的自然止痛剂胺多酚进入血液。胺多酚让人感觉良好，使跑步具有魅力，让大多数人在跑完后感到愉快的主要原因。

准确地说，是胺多酚中的“愉悦因素”让人感觉良好，鼓励我们爱上跑步——也许还会非常疯狂。

多跑一英里——或26英里

你为了5公里或10公里倾尽全力，通过终点线后瘫倒在地，但心里想的最后一件事还是要参加下一次比赛。跑步结束后，你的心脏和腿都非常疲劳，最想要的就是果冻、饮料、洗澡和沙发，但随着时间的推移一切都会变化。

如果你真的找到了跑步的秘诀，想更加深入地了解跑步，你就需要挑战半程或者全程马拉松。

半马——13.1英里（21.1公里）

半马比10公里的两倍还长，但对很多人来说却是艰难和具有现实性、可挑战性的完美结合。

在所有跑步项目中，半马现在受到史无前例的欢迎。英国举办了欧洲最大的半马比赛“大北赛”，还有很多规模不同的半马可以参加。

虽然跑半马——就像刚跑完一次10公里，然后转过头来再跑一遍，听起来不可能，但事实上并没有你想象中那么难。

如何准备

半马的训练虽然更加耗时，但只是5公里或10公里训练的加长版而已。你已经长期在周末跑5～10公里，（或者跑30～60分钟），时间长了，身体自然就适应了额外的负担。

如果你给自己足够的时间找到状态，那你自己也难以想象的是，13.1英里跑完全在你能力范围之内。家庭可以在你每周几小时不在家的时候继续运转，只要你有决心做好训练，半马就完全可以成功——关键是想要成功的欲望。你的愿望可以是做慈善，也可以是证明自己可以挑战成功、克服困难。如果想跑完13.1英里，跨过终点线，就要有热情和渴望。

半马是跑完10公里以后的理想选择，有兴趣的话，何不考虑参加以下赛事：

- 大北赛
- 布里斯托半马赛
- 雷丁半马赛
- 卡迪夫半马赛
- 巴斯半马赛

马拉松——26.2英里（42.2公里）

如果你想要参加终极挑战，而且非常想知道自己是否有决心参加最难的跑步赛事，那就挑战马拉松吧。26.2英里（42.2公里）就算开车也是个漫长的路程，更别说跑步了。所以你在决定参加以前要做出100%的努力。

不跑步的人或者普通锻炼者都会被42公里这个概念吓到，而这个比赛也因此而很有魅力，吸引着无数跑者来挑战。

1981年，伦敦马拉松赛首次举办的时候，只有20 000名申请

者。2010年时，就有162 000人申请参加，其中51 266人通过申请，创下了纪录。

如何准备

马拉松是所有训练了5～6个月，挑战生理和心理极限的人们最终的挑战目标。

训练的体力部分本质上是5公里、10公里或半马的延伸，只

是身体适应了跑5小时后的时间和路程。每周训练40~50英里只是马拉松训练后期的常态，许多顶尖运动员训练的距离是这个数字的3倍。

和半马一样，全马的关键是内心坚定、固执并下决心挑战自己，相信几个月的训练能够帮你突破上限。

马拉松选手第一次训练到最后完成比赛，内心的情绪波动如同过山车，如果情绪波动很大的话就需要朋友和家人的支持。坚定的信念很重要，但是所有跑完全马的，都有能在情况艰难的时候可以依靠的家人和朋友。

虽然马拉松难度极大，但是数据证明此类比赛是所有跑者（甚至新手）都非常期待、无法拒绝的。我跑过一两次马拉松，很多人觉得我很疯狂，但说实话这是我最享受的事情。我的生理和心理非常煎熬，给自己很大的压力，想跑快一点。现在回想起来，我还是很感谢第一次跑全马，很高兴我做到了。

哪怕你是第一次参加全马，发誓自己再也不跑了，我保证你也永远不会忘记。你做到了只有1%的人能做到的事，满足感、成就感会伴随你一生。

何不参加以下马拉松赛：

- 伦敦维珍马拉松赛
- 纽约马拉松赛
- 爱丁堡马拉松赛
- 柏林马拉松赛
- 巴黎马拉松赛

重视挑战

现在你知道了，5公里和10公里的训练很艰难，每周从日常生活中抽出3～4段时间完成训练也不容易——恐怕训练半马或全马还会更难。达到比赛要求的训练量是相应的2～3倍。所以，你要确保每天完成必需的练习，进行“90分钟跑”或者“15英里不间断跑”。

想认真对待训练，却找不到时间跑步，这是最煎熬的事情。出于种种原因的事与愿违会使你的心情受到很大打击。准备考试、出国公干比常规训练重要，所以应尽量保证（最好）在接下来的6个月里有时间跑步，如果没有就等明年。

Race for Life
896
CER RESEARCH UK

附录　赛事信息

5公里比赛

厦门国际马拉松　5公里　10公里

厦门国际马拉松赛创办于2003年，由中国田径协会和厦门市政府联合主办，由中央电视台和厦门电视台联合直播，另有国内外40余家电视台转播。经过几年的发展，厦门国际马拉松赛以其较高的竞赛水平、广泛的群众参与和丰富的配套活动，成为中国最具影响力和国际知名度的马拉松赛事之一。2007年12月被国际田联评为“国际田联路跑金牌赛事”，并连续八年获此殊荣。

比赛时间：每年第一周周六。2016年的比赛时间为1月2日（星期六）。

重庆国际马拉松 5公里

重庆马拉松赛起源于最初的南滨路万人健步走活动。2009年1月1日在南滨路举办了万人准马拉松赛（7.195公里）；2010年5月1日，又成功举办了南滨路万人半程马拉松邀请赛。

为进一步推进“健康重庆”建设，掀起全民健身热潮，2010年6月，重庆市体育局、南岸区人民政府向国家体育总局田径运动管理中心提出设立重庆马拉松赛并得到批准，从而使重庆马拉松赛纳入了全国马拉松赛统一安排，并确定每年3月份的第三个周末在重庆南滨路举行。

无锡国际马拉松 4.5公里

无锡国际马拉松赛自2014年创办以来，赛事规模不断扩大，影响力不断增强，已成为无锡市最具规模的大型路跑赛事，2014年被中国田协评为银牌赛事，2015年升格为金牌赛事。

该项赛事一直延续“人在画中跑”的主题，也被称为“国内最美风景马拉松赛道”。

广州马拉松 6公里

广州马拉松于2012年创办，每年的11月下旬在广州举办，2013年被中国田径协会评选为银牌赛事。

广马赛道主要沿珠江两岸设置，集中展示了珠江两岸最具岭南特色的人文风情、最具羊城历史的风景名胜，最具时尚气息的文化潮流，被国际田联公认为是当今世界马拉松赛最美赛道之一。该赛事受到马拉松爱好者的热情关注，纷纷积极踊跃地报名参赛。

杭州马拉松 6.8公里

杭州国际马拉松赛是在原西湖桂花国际马拉松赛和杭州国际友好西湖马拉松赛两大赛事的基础上联合举办的。

秋季的杭州，美景、美食让人流连忘返。比赛路线主要是沿着风景如画的西湖、茶园和钱塘江风景区举行，是世界上最美丽的马拉松赛路线之一。

除了传统的全程马拉松（42.195公里）、半程马拉松（21.0975）外，还设有短程马拉松（13.8公里）、小马拉松（6.8公里）以及家庭跑（1.2公里）和情侣跑（3.5公里）。赛事的宣传主题为绿色休闲运动，并强调全民健身理念，项目的设置使每个人都有机会参与赛事。

10公里

李宁10公里路跑联赛

李宁10公里路跑联赛作为中国十佳路跑联赛之一，2016年首站赛事即将开启。自2012年5月第一站路跑联赛在西安开赛至今，李宁10公里路跑联赛已在全国范围内成功举办了31场比赛，被评价为具有专业竞赛水准的中国标志性路跑赛事。2016年的李宁10公里路跑联赛将跑过15座城市，并进一步优化赛事体验，让跑友跑得更过瘾、更优悦、更便捷。李宁品牌在2016年增设10K城市，在去年的十城之上再填添五城，囊括广州、成都、长沙、武汉、郑州、苏州、上海、济南、大连、太原、昆明、西安、兰州、青岛、北京15座城市，尽力满足更多跑友的跑步热情，让跑友跑得更过瘾、更酣畅。

特步欢乐跑·中国10公里锦标赛

针对国内路跑专业赛事主要集中于全程和半程马拉松，而较少关注10公里赛事这一现状，中国田径协会与盈方体育传媒（中国）有限公司联手打造“欢乐跑·中国10公里锦标赛”，以促进专业运动员的训练和比赛，同时带动群众性长跑运动的发展。

欢乐跑·中国10公里锦标赛严格执行国际田联及中国田协的赛事要求，设定丰厚的奖金奖项，激励专业运动员取得更好成绩，同时专注锦标赛大众组的每一个细节。打造国内唯一A类认证10公里路跑赛事，国内唯一经中国田协赛道认证的10公里专业赛事，国内唯一由中国田协承认的10公里全国路跑纪录赛事，国内唯一由中国田协颁发业余长跑运动员10公里等级证书的赛事。

上海国际马拉松赛 10公里

上海国际马拉松赛由中国田径协会、上海市体育总局主办，起始于1996年。比赛规模逐年扩大，2006年参与人数已达17 000余人。参赛者来自世界五大洲42个国家和地区以及中国各省级行政区的马拉松选手和路跑爱好者。

2014年上海国际马拉松赛被授予金牌赛事称号。此前，“上马”已获2014国际田联路跑金标赛事称号。至此，上海国际马拉松赛连续3年获得“双金”称号，获得了中国国内和国际最高规格认证。

大连国际马拉松 10公里

大连国际马拉松赛从1987年第1届大连万人国际马拉松赛至今已连续成功举办了28届，是国内历史最悠久的马拉松赛事之一。2016年5月22日将举办第29届大连国际马拉松赛。

目前，大连国际马拉松是我国群众性与竞技性相结合、健全人与残疾人同场竞技的大型体育赛事之一，每年都吸引了来自世界各地的优秀马拉松选手和近万名马拉松爱好者前来参加比赛。

香港渣打国际马拉松 10公里

香港渣打国际马拉松又称香港马拉松或者香港国际马拉松，简称渣马，是香港最大型的马拉松赛事，于1997年至今，该赛事由渣打银行主力赞助，是故得名。该赛事每年都吸引数以万计的参赛者参加，于2004年—2009年更成为渣打马拉松全球最强之战4个分站的最后一站，以及难度最高的一站（另外3个分站分别为肯尼亚奈洛比站、新加坡站和印度孟买站）。不过，自2010年起，赞助商渣打银行宣布将不再举办全球最强之战。